Werner Routil

Wochenportfolios für den Deutschunterricht mit Lerneffekt

Vielfältiges Übungsmaterial zu Literatur, Aufsatz, Grammatik und Sprachkompetenz

6. Klasse

Kopiervorlagen mit Lösungen

BRIGG Pädagogik

Gedruckt auf umweltbewusst gefertigtem, chlorfrei gebleichtem
und alterungsbeständigem Papier.

1. Auflage 2012
Nach den seit 2006 amtlich gültigen Regelungen der deutschen Rechtschreibung

Originalausgabe © bvl Bildungsverlag Lemberger, A-Wien
Werner Routil
Gewusst wie 2

Illustrationen: Regina Mayr

ISBN 978-3-87101-**754**-4 www.brigg-paedagogik.de

 Schreiben

 Lesen

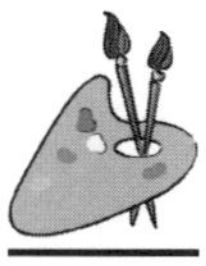 Zeichnen/Malen

 Ordnen/Bestimmen

 Ankreuzen

 Ergänzen

 Lösungspaar suchen

 Im Wörterbuch suchen

 Im Internet suchen/Auf dem PC schreiben

 Zusatzinformationen

 Partnerarbeit

 Nachdenken

Liebe Kollegin, lieber Kollege!

Offene Lehr- und Lernformen erfreuen sich zurecht immer größerer Beliebtheit in unseren Klassenzimmern. Deshalb beinhaltet das vorliegende Buch insgesamt sechs Deutsch-Wochenportfolios zu sechs verschiedenen Themenkreisen, alle aus dem Lehrplan der 6. Jahrgangsstufe stammend und die wichtigsten Teilbereiche des Gegenstandes gleichwertig berücksichtigend. Diese strukturierte bunte Sammlung von Arbeits- und Rätselblättern entspricht der im Lehrplan geforderten Individualisierung und Eigenverantwortung der Schüler, der Forderung nach persönlichem Arbeits- und Lerntempo. Darüber hinaus wird auch in Ansätzen die Möglichkeit zu fächerübergreifendem Tun realisiert.

Im Kapitel *„Gestatten, Astrid Lindgren“* stehen vor allem Daten und Fakten über die schwedische Autorin und ihre Werke im Mittelpunkt. Hauptziel des Themenkreises *„Lyrikmania“* ist ein bunter Streifzug durch die Welt der Gedichte. Im orthografischen Bereich werden *„Rechtschreib-Profis gesucht“*, der diesbezügliche Jahreslehrstoff wird auf vielfältige Art und Weise wiederholt. Grammatikalisches Grundwissen zur Zeitenbildung wird im Kapitel *„Zeit für Zeitformen“* lehrplankonform abgefragt. Im Bereich Aufsatzerziehung werden *„Puzzlesteine für den Bericht“* modular zusammengetragen, während sich der letzte Themenkreis unter dem Titel *„Fantasiestärken gefragt“* der sprachschöpferischen Ebene widmet.

Zur Erleichterung und Professionalisierung der Unterrichtsplanung findet man als Erstinformation zu jedem der sechs Wochenportfolios einen dementsprechenden Lernzielkatalog. Auf einen eigenen Bewertungs- und Benotungsschlüssel wurde seitens des Autors bewusst verzichtet, um den individuellen Beurteilungsgewohnheiten der Kollegenschaft Rechnung zu tragen.

Werner Routil

Gestatten, Astrid Lindgren

Lernzielkatalog

Die Schüler/innen sollen

1. den Inhalt von „Die Brüder Löwenherz“ und „Ronja Räubertochter“ in groben Zügen nacherzählen;
2. wichtige biographische Daten und Fakten zu Astrid Lindgren nennen;
3. zumindest sechs Werke der schwedischen Autorin namentlich aufzählen;
4. ein „Elfchen“ zur Person Pippi Langstrumpfs schreiben;
5. einen Brieftext an Pippi Langstrumpf verfassen, in dem ihr eigener Alltag mit dem der frechen Göre verglichen wird;
6. typisch Schwedisches aus allen Bereichen des Lebens anführen.

Gestatten, Astrid Lindgren

Hier spricht Astrid Lindgren

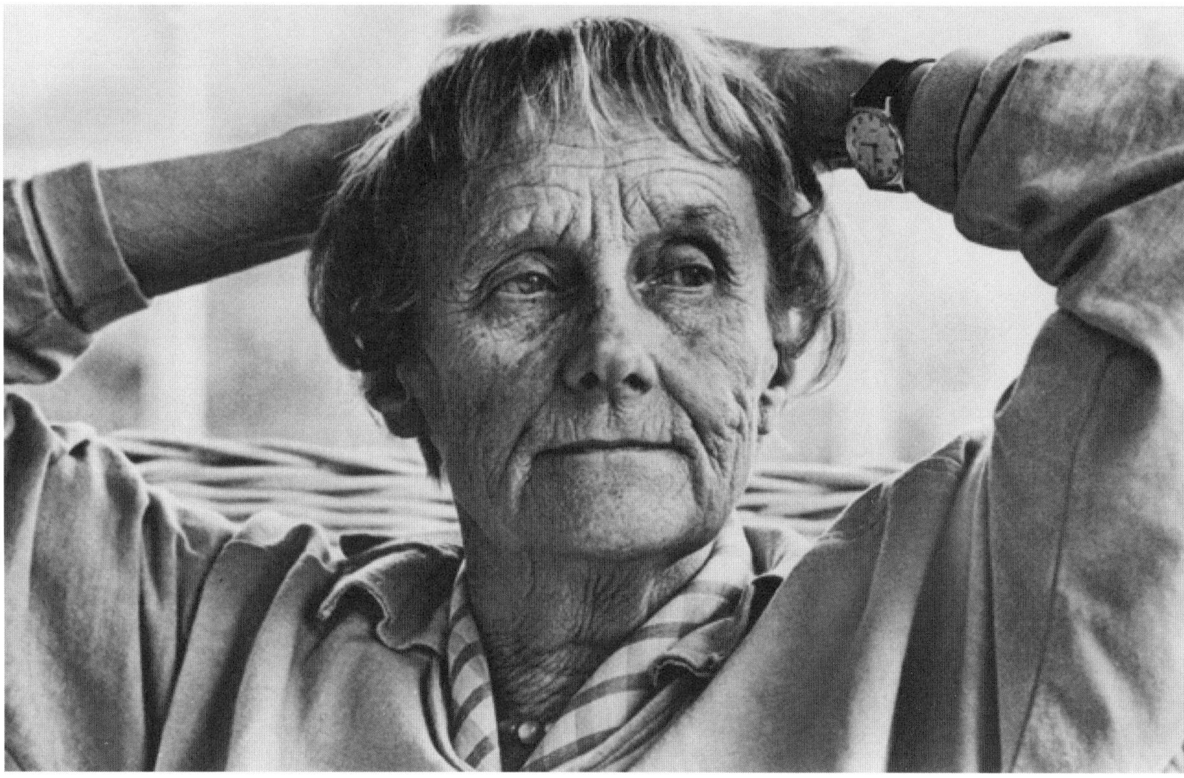

„Als meine Tochter Karin in die Schule kam, bat sie mich eines Tages, ihr etwas von *Pippi Langstrumpf* zu erzählen. Sie hatte diesen Namen in ihrer kindlichen Unbekümmertheit einfach erfunden. So habe ich mich hingesetzt und zunächst versucht, den Charakter dieses merkwürdigen, ungewöhnlichen Mädchens zu formen. Schließlich musste ich meiner Tochter jeden Tag am Abend von den Erlebnissen Pippis berichten. Das funktionierte mit der Zeit so gut, dass sogar Karins Schulkollegen regelmäßig meinen Geschichten aufmerksam zuhörten.

Als ich mir eines Tages ein Bein brach und zuhause bleiben musste, beschloss ich, die Ereignisse rund um Pippi einfach aufzuschreiben und meiner Tochter zu ihrem 10. Geburtstag zu schenken. Außerdem überlegte ich mir, die Abenteuer von Pippi Langstrumpf einem Verlag anzubieten. Der erste Versuch schlug noch fehl, aber der zweite Verlag nahm mein Manuskript an. Darüber hinaus gewann ich noch im selben Jahr mit Pippis Geschichten den ersten Preis eines Literaturwettbewerbes. Der Anfang meiner Laufbahn als Kinderbuchautorin war damit eingeleitet, und das mit 37 Jahren …“

(sinngemäß zitiert aus einem Interview mit Astrid Lindgren)

Male die inhaltlich zusammengehörigen Satzteile der linken und rechten Tabellenhälfte mit der gleichen Farbe an! In der richtigen Reihenfolge gelesen, erhältst du einen kurzen Lebenslauf der Autorin Astrid Lindgren.

1	Am 14. November 1907 wurde die weltberühmte Autorin auf einem Bauernhof	aus diesem Grund musste sie nach Stockholm „flüchten“, wo sie als Sekretärin tätig war.
2	Mit ihren drei Geschwistern verlebte sie eine	fast 95 Jahren, sie wurde neben ihren Eltern begraben.
3	Als sie 18 Jahre alt war, kam ihr unehelicher Sohn Lars zur Welt;	glückliche Kindheit, ganz wie die Kinder von Bullerbü.
4	In diesen schlecht bezahlten Arbeitsjahren lernte sie 1928	nahe der Kleinstadt Vimmerby in Südschweden geboren.
5	Im Jahre 1934 wurde ihre Tochter Karin geboren,	sowohl ihr Ehemann als auch ihr Sohn verstarben früh.
6	Mit dieser Geschichte gewann sie bei einem Literaturwettbewerb	ihren späteren Ehemann Sture Lindgren kennen.
7	In der Folge veröffentlichte sie einen Bestseller nach dem anderen;	hatte sie im Laufe ihres Lebens geschrieben.
8	Am 28. Januar 2002 starb Astrid Lindgren im Alter von	für die sie die Abenteuer der „Pippi Langstrumpf“ erfand.
9	Mehr als 70 größtenteils weltweit bekannte Kinder- und Jugendbücher	den ersten Preis; dies war der Beginn ihrer so erfolgreichen Karriere als Schriftstellerin.

Schreibe nun den Gesamttext über Astrid Lindgrens Leben in Schreibschrift auf die Leerzeilen deines Arbeitsblattes!

Gestatten, Astrid Lindgren

Biographisches

Hier Bilder von Astrid Lindgren und
Pippi Langstrumpf einkleben!
(Internetsuche)

Astrid Lindgren

Gestatten, Astrid Lindgren

Biographisches

Gestatten, Astrid Lindgren

Lösung: Biographisches

Hier Bilder von Astrid Lindgren und
Pippi Langstrumpf einkleben!
(Internetsuche)

Astrid Lindgren

Am 14. November 1907 wurde die weltberühmte Autorin auf einem Bauernhof nahe der Kleinstadt Vimmerby in Südschweden geboren. Mit ihren drei Geschwistern verlebte sie eine glückliche Kindheit, ganz wie die Kinder von Bullerbü. Als sie 18 Jahre alt war, kam ihr unehelicher Sohn Lars zur Welt; aus diesem Grund musste sie nach Stockholm „flüchten“, wo sie als Sekretärin tätig war.
In diesen schlecht bezahlten Arbeitsjahren lernte sie 1928 ihren späteren Ehemann Sture Lindgren kennen. Im Jahre 1934 wurde ihre Tochter Karin geboren, für die sie die

Abenteuer der „Pippi Langstrumpf“ erfand. Mit dieser Geschichte gewann sie bei einem Literaturwettbewerb den ersten Preis; dies war der Beginn ihrer so erfolgreichen Karriere als Schriftstellerin. In der Folge veröffentlichte sie einen Bestseller nach dem anderen; sowohl ihr Ehemann als auch ihr Sohn verstarben früh. Am 28. Januar 2002 starb Astrid Lindgren im Alter von fast 95 Jahren, sie wurde neben ihren Eltern begraben. Mehr als 70 größtenteils weltweit bekannte Kinder- und Jugendbücher hatte sie im Laufe ihres Lebens geschrieben.

Gestatten, Astrid Lindgren

Werkliste

Ui je, hier sind die Buchtitel von Astrid Lindgrens bekanntesten Werken ordentlich durcheinandergeraten. Kannst du sie richtigstellen? Du darfst natürlich auch im Internet oder in einem Literaturlexikon nachforschen.

So heißt es richtig:

„PIPPI LÖWENHERZ“ : ....

„RONJA MEIN MIO“: ....

„DIE BRÜDER BLOMQUIST“: ....

„KALLE AUS LÖNNEBERGA“: ....

„KARLSSON LANGSTRUMPF“: ....

„WIR KINDER VOM DACH“: ....

„MIO, RÄUBERTOCHTER“: ....

„MICHEL VON BULLERBÜ“: ....

Welche Hauptfiguren aus den Klassikern Astrid Lindgrens hast du erkannt? Notiere darunter ihre Namen!

....

Gestatten, Astrid Lindgren

Lösung: Werkliste

Ui je, hier sind die Buchtitel von Astrid Lindgrens bekanntesten Werken ordentlich durcheinandergeraten. Kannst du sie richtigstellen? Du darfst natürlich auch im Internet oder in einem Literaturlexikon nachforschen.

	So heißt es richtig:
„PIPPI LÖWENHERZ“ :	**„Pippi Langstrumpf“**
„RONJA MEIN MIO“:	**„Ronja Räubertochter“**
„DIE BRÜDER BLOMQUIST“:	**„Die Brüder Löwenherz“**
„KALLE AUS LÖNNEBERGA“:	**„Kalle Blomquist“**
„KARLSSON LANGSTRUMPF“:	**„Karlsson vom Dach“**
„WIR KINDER VOM DACH“:	**„Wir Kinder von Bullerbü“**
„MIO, RÄUBERTOCHTER“:	**„Mio, mein Mio“**
„MICHEL VON BULLERBÜ“:	**„Michel aus Lönneberga“**

Welche Hauptfiguren aus den Klassikern Astrid Lindgrens hast du erkannt? Notiere darunter ihre Namen!

Wir Kinder von Bullerbü

Ronja Räubertochter

*Im nachfolgenden Lesetagebuch eines Schülers erfährst du Wichtiges über den Inhalt von **„Ronja Räubertochter“**. Lies dir den Text zunächst sorgfältig durch!*

1. Kapitel

Auf der Mattisburg im Mattiswald wird ein Kind geboren: Ronja. Mattis, der Räuberhauptmann, und seine zwölf Räubergesellen freuen sich mit Mutter Lovis über das erstgeborene Kind. Das kluge Mädchen wächst schnell heran. Eines Tages darf Ronja sogar schon alleine den Wald erforschen.

2. Kapitel

Ronja entdeckt bei ihrer Erkundungstour viel Neues. Sie will außerdem lernen, sich vor den Graugnomen nicht zu fürchten. Ein paar Mal überfällt sie noch die Angst, aber sie schafft es schließlich. Zuletzt wandert sie zum Höllenschlund, dort trifft sie einen fremden Jungen.

3. Kapitel

Dieser Junge ist Birk Borkasohn, welcher mit seinem Vater Borka, seiner Mutter Undis und zwölf Borkaräubern in die Nordburg eingezogen ist, die sie selbst die Borkafeste nennen. Die beiden Kinder springen über den Höllenschlund, bis Birk ausrutscht und Ronja ihn retten muss. Mattis ist außer sich vor Wut und wünscht die Borkas zum „Donnerdrummel“.

4. Kapitel

Mattis will die Borkas unbedingt von der Burg vertreiben, weiß jedoch nicht wie. Ronja und Birk treffen einander wieder zufällig im Wald. Auf dem Heimweg rettet Birk das Mädchen vor den Lockgesängen der Unterirdischen.

5. Kapitel

Kurz darauf unternimmt Ronja einen Ausflug in den Winterwald. Dabei stürzt sie in einen Bau der Rumpelwichte. Dazu kommt noch, dass sie von gefährlichen Wilddruden bedroht wird. Birk kann seine Freundin in letzter Sekunde befreien.

6. Kapitel

Im Kellerverlies der Mattisburg entdeckt Ronja einen Geröllhaufen, der einen unterirdischen Gang zur Borkafeste versperrt. Das Mädchen legt den Gang in mühevoller Kleinarbeit frei und findet auf diese Art und Weise einen Weg zu Birk.

7. Kapitel

Der Winter ist hart und die Borkas müssen hungern. Ronja bringt deshalb Birk heimlich immer Essen in ihr gemeinsames Kellerverlies. So hilft sie ihm über den Winter.

8. Kapitel

Als der Frühling wieder ins Land zieht, versuchen die beiden Kinder Pferde zu fangen, aber das ist ein schwieriges Unterfangen. Währenddessen verlangen die Borkas von der Mattis-Sippe einen Teil des erbeuteten Diebesgutes. Da es zu keiner Einigung kommt, wird gekämpft. Dabei gibt es einige Verletzte.

9. Kapitel

Mattis nimmt Birk gefangen und fordert Borka auf, die Festung zu verlassen, wenn er seinen Sohn zurück haben möchte. Daraufhin begibt sich Ronja freiwillig in die Gefangenschaft der Borkas, um ein Gleichgewicht herzustellen. Ihr Vater ist wütend und meint, er habe keine Tochter mehr.

10. Kapitel

Die Kinder werden schließlich nach zähen Verhandlungen ausgetauscht, doch ihre Eltern sind böse, vor allem weil sie begriffen haben, dass sich Ronja und Birk mögen. Da beschließen die „Missverstandenen" ihre Burgen zu verlassen. Ihr erstes Ziel ist die Bärenhöhle, in die sie auch einziehen.

11. Kapitel

Die Geflüchteten nisten sich in der Höhle ein und ernähren sich hauptsächlich von gefangenen Fischen und von Quellwasser. Abends singt Ronja für Birk das Wolfslied. Wenn die beiden an ihre Familien denken, überfällt sie stets eine gewisse Traurigkeit.

12. Kapitel

Die beiden Ausreißer finden einander nach einem Streit wieder und helfen einer Stute, die von einem Bären angefallen und schwer verletzt worden ist.

13. Kapitel

Ronja und Birk gelingt es, zwei Pferde zu zähmen. Auf ihnen können sie nun bequem reiten. Mit knapper Not entkommen sie so der Verfolgung durch eine Wilddrude.

14. Kapitel

Einer der Mattis-Räuber versucht Ronja zu überreden, wieder nach Hause zu kommen, doch sie bleibt in der Bärenhöhle bei Birk. Die Kinder erleben gemeinsam einen aufregenden Sommer.

15. Kapitel

Auch Lovis bemüht sich, ihre Tochter zurückzugewinnen. Die Ausreißerin bleibt jedoch hart und lebt weiterhin mit Birk im Wald. Die Kinder wissen aber nicht, was sie tun werden, wenn der Winter Einzug hält.

16. Kapitel

Der Herbst naht. Als Ronja von der Quelle Wasser holt, erwartet sie dort ihr Vater. Er bittet sein Kind und auch Birk, wieder in die Burg zurückzukehren. Die beiden sind damit einverstanden und gehen überglücklich mit, weil sie die Wintermonate „draußen" ohnehin nicht überlebt hätten.

17. Kapitel

In einem harten Zweikampf fällt kurz darauf die Entscheidung, wer die zwei Räuberbanden in Zukunft als Hauptmann führen soll. Mattis siegt, Borka verliert. Ronja deutet indes an, dass sie keine Räuberin werden möchte.

18. Kapitel

Bevor Glatzen-Per, der Älteste in der Mattis-Sippe, stirbt, verrät er Ronja noch das Geheimnis vom Silberbergwerk. Als das Mädchen und ihr Freund im Frühling wieder in die Bärenhöhle ziehen, sind sie fest entschlossen, selbst ein „anderes" Leben zu führen.

In welcher Zeitform steht die Inhaltsangabe? ....

Gibt es im Text des Lesetagebuches direkte Reden? ....

Lösung: Ronja Räubertochter

Im nachfolgenden Lesetagebuch eines Schülers erfährst du Wichtiges über den Inhalt von ***„Ronja Räubertochter“****. Lies dir den Text zunächst sorgfältig durch!*

1. Kapitel

Auf der Mattisburg im Mattiswald wird ein Kind geboren: Ronja. Mattis, der Räuberhauptmann, und seine zwölf Räubergesellen freuen sich mit Mutter Lovis über das erstgeborene Kind. Das kluge Mädchen wächst schnell heran. Eines Tages darf Ronja sogar schon alleine den Wald erforschen.

2. Kapitel

Ronja entdeckt bei ihrer Erkundungstour viel Neues. Sie will außerdem lernen, sich vor den Graugnomen nicht zu fürchten. Ein paar Mal überfällt sie noch die Angst, aber sie schafft es schließlich. Zuletzt wandert sie zum Höllenschlund, dort trifft sie einen fremden Jungen.

18. Kapitel

Bevor Glatzen-Per, der Älteste in der Mattis-Sippe, stirbt, verrät er Ronja noch das Geheimnis vom Silberbergwerk. Als das Mädchen und ihr Freund im Frühling wieder in die Bärenhöhle ziehen, sind sie fest entschlossen, selbst ein „anderes“ Leben zu führen.

In welcher Zeitform steht die Inhaltsangabe? **Im Präsens**

Gibt es im Lesetagebuchtext direkte Reden? **Nein**

Gestatten, Astrid Lindgren

Und ich?

Wenn du dein Leben mit dem von Ronja oder Birk vergleichst, wirst du mit Sicherheit einige Unterschiede feststellen. Entscheide dich zunächst für Ronja oder Birk und vervollständige anschließend folgende Übersicht!

DAS BIN ICH (Foto oder Zeichnung)	DAS IST RONJA (BIRK) (Zeichnung)
Name:	**Name:**
Eltern:	**Eltern:**
Wohnort:	**Wohnort:**
Freund(in):	**Freund(in):**
Damit verbringe ich meine Freizeit:	**Damit verbringt er/sie die Freizeit:**
Davor habe ich Angst:	**Davor hat er/sie Angst:**

Gestatten, Astrid Lindgren

Lösung: Und ich?

Wenn du dein Leben mit dem von Ronja oder Birk vergleichst, wirst du mit Sicherheit einige Unterschiede feststellen. Entscheide dich zunächst für Ronja oder Birk und vervollständige anschließend folgende Übersicht!

DAS BIN ICH	**DAS IST RONJA (BIRK)**
(Foto oder Zeichnung)	(Zeichnung)
Name:	**Name:** **Ronja (Birk)**
Eltern:	**Eltern:** **Mattis und Lovis (Borka und Undis)**
Wohnort:	**Wohnort:** **Mattisburg (Borkafeste)**
Freund(in):	**Freund(in):** **Birk (Ronja)**
Damit verbringe ich meine Freizeit:	**Damit verbringt er/sie die Freizeit:** **Den Wald erkunden und Abenteuer erleben, in die Bärenhöhle ziehen, ...**
Davor habe ich Angst:	**Davor hat er/sie Angst:** **Vor Wilddruden, Graugnomen**

Die Brüder Löwenherz

*Eine der außergewöhnlichsten Lindgren-Geschichten findet man in ihrem Buch **„Die Brüder Löwenherz“**. Bei der folgenden Inhaltsangabe dieses Werkes ist offensichtlich die Reihenfolge der Zeilen völlig falsch. Stelle sie durch korrektes Nummerieren richtig!*

Inhaltsangabe

	Näharbeiten den Lebensunterhalt verdienen und kann sich deshalb nicht
	in dem man nach dem Tod als Gesunder normal weiterleben kann. Karl
	ein tragisches Ereignis Jonathans Leben auslöscht. Er hat während einer
1	Die Brüder Karl und Jonathan Löwe leben mit ihrer Mutter in ärmlichen
	Held gefeiert und bekommt für seinen Mut den Beinamen „Löwenherz“.
	aufopfernder Art und Weise. Er nennt seinen jüngeren Bruder fürsorglich
	Löwenherz erleben die beiden nun gemeinsam in Nangijala eine Reihe
	freut sich bereits auf dieses unbeschreiblich schöne Land, als unerwartet
	„Krümel“ und erzählt ihm von „Nangijala“, dem Land hinter den Sternen,
	Feuersbrunst Krümels Leben retten wollen und hat dabei selbst tödliche
	Verhältnissen in einer kleinen Stadtwohnung. Mama Sigrid muss durch
	Verletzungen erlitten. Deshalb wird Jonathan in der Stadtzeitung als
	um ihren todkranken Sohn Karl kümmern. Dies erledigt Jonathan in
	Kurz darauf stirbt auch Karl an seiner schweren Krankheit. Als Brüder
15	aufregender Abenteuer …

Lösung: Die Brüder Löwenherz

Eine der außergewöhnlichsten Lindgren-Geschichten findet man in ihrem Buch ***„Die Brüder Löwenherz"****. Bei der folgenden Inhaltsangabe dieses Werkes ist offensichtlich die Reihenfolge der Zeilen völlig falsch. Stelle sie durch korrektes Nummerieren richtig!*

Inhaltsangabe

3	Näharbeiten den Lebensunterhalt verdienen und kann sich deshalb nicht
7	in dem man nach dem Tod als Gesunder normal weiterleben kann. Karl
9	ein tragisches Ereignis Jonathans Leben auslöscht. Er hat während einer
1	Die Brüder Karl und Jonathan Löwe leben mit ihrer Mutter in ärmlichen
12	Held gefeiert und bekommt für seinen Mut den Beinamen „Löwenherz".
5	aufopfernder Art und Weise. Er nennt seinen jüngeren Bruder fürsorglich
14	Löwenherz erleben die beiden nun gemeinsam in Nangijala eine Reihe
8	freut sich bereits auf dieses unbeschreiblich schöne Land, als unerwartet
6	„Krümel" und erzählt ihm von „Nangijala", dem Land hinter den Sternen,
10	Feuersbrunst Krümels Leben retten wollen und hat dabei selbst tödliche
2	Verhältnissen in einer kleinen Stadtwohnung. Mama Sigrid muss durch
11	Verletzungen erlitten. Deshalb wird Jonathan in der Stadtzeitung als
4	um ihren todkranken Sohn Karl kümmern. Dies erledigt Jonathan in
13	Kurz darauf stirbt auch Karl an seiner schweren Krankheit. Als Brüder
15	aufregender Abenteuer ...

Gestatten, Astrid Lindgren

Die Brüder Löwenherz

*Notiere jetzt darunter die **Inhaltsangabe** in der richtigen Zeilenfolge!*

Werner Routil: Wochenportfolios für den Deutschunterricht mit Lerneffekt · 6. Klasse · Best.-Nr. 754

....

....

....

....

....

....

....

Quelle: Landestheater Niederösterreich, Materialmappe

Lösung: Die Brüder Löwenherz

*Notiere jetzt darunter die **Inhaltsangabe** in der richtigen Zeilenfolge!*

Die Brüder Karl und Jonathan Löwe leben mit ihrer Mutter in ärmlichen Verhältnissen in einer kleinen Stadtwohnung. Mama Sigrid muss durch Näharbeiten den Lebensunterhalt verdienen und kann sich deshalb nicht um ihren todkranken Sohn Karl kümmern. Dies erledigt Jonathan in aufopfernder Art und Weise. Er nennt seinen jüngeren Bruder fürsorglich „Krümel“ und erzählt ihm von „Nangijala“, dem Land hinter den Sternen, in dem man nach dem Tod als Gesunder normal weiterleben kann. Karl freut sich bereits auf dieses unbeschreiblich schöne Land, als unerwartet ein tragisches Ereignis Jonathans Leben auslöscht. Er hat während einer Feuersbrunst Krümels Leben retten wollen und hat dabei selbst tödliche Verletzungen erlitten. Deshalb wird Jonathan in der Stadtzeitung als Held gefeiert und bekommt für seinen Mut den Beinamen „Löwenherz“.

Kurz darauf stirbt auch Karl an seiner schweren Krankheit.

Als Brüder Löwenherz erleben die beiden nun gemeinsam in Nangijala eine Reihe aufregender Abenteuer…

Quelle: Landestheater Niederösterreich, Materialmappe

Gestatten, Astrid Lindgren

Pippi Langstrumpf

Mittlerweile bist du ja ein wahrer Kenner Astrid Lindgrens geworden; Grund genug, dich jetzt einmal selbst als Schriftsteller(in) zu versuchen.
Verfasse ein „Elfchen“(ein Gedicht mit 11 Wörtern auf 5 Zeilen verteilt) zu ***Pippi Langstrumpf****! Damit du weißt, wie das funktioniert, findest du darunter ein Musterbeispiel zu James Bond.*

Klebe hier ein Bild von James Bond ein! (Internetsuche)

JAMES BOND	**PIPPI LANGSTRUMPF**
Bond	....
James Bond	....
bekannter britischer Geheimagent	....
im Geheimdienst Ihrer Majestät	....
Frauen!	....

Übrigens, was fällt dir ein, wenn du den Namen Pippi Langstrumpf hörst? Zutreffendes bitte ankreuzen!

O Sommersprossen	O Krokodil	O Annika
O Villa Kunterbunt	O Herr Nilson	O Zahnspange
O Taka-Tuka-Land	O Zöpfe	O Björn

Gestatten, Astrid Lindgren

Lösung: Pippi Langstrumpf

Mittlerweile bist du ja ein wahrer Kenner Astrid Lindgrens geworden; Grund genug, dich jetzt einmal selbst als Schriftsteller(in) zu versuchen.
Verfasse ein „Elfchen" (ein Gedicht mit 11 Wörtern auf 5 Zeilen verteilt) zu ***Pippi Langstrumpf****! Damit du weißt, wie das funktioniert, findest du darunter ein Musterbeispiel zu James Bond.*

Klebe hier ein Bild von
James Bond ein!
(Internetsuche)

JAMES BOND	**PIPPI LANGSTRUMPF**
Bond	**Langstrumpf**
James Bond	**Pippi Langstrumpf**
bekannter britischer Geheimagent	**liebt die Freiheit**
im Geheimdienst Ihrer Majestät	**freche Göre mit Zöpfen**
Frauen!	**Sympathisch!** (mögliche Lösung)

Übrigens, was fällt dir ein, wenn du den Namen Pippi Langstrumpf hörst? Zutreffendes bitte ankreuzen!

X Sommersprossen	O Krokodil	**X** Annika
X Villa Kunterbunt	**X** Herr Nilson	O Zahnspange
X Taka-Tuka-Land	**X** Zöpfe	O Björn

Botschaft an Pippi

Verfasse eine Botschaft an Pippi Langstrumpf, in der du deine persönliche Sichtweise zum Leben der frechen Göre darstellst und in der du Pippis Alltag mit deinem vergleichst!

Liebe Pippi,

....

....

....

....

....

....

....

....

....

....

Dein(e) ....

Typisch Schweden

Neben Astrid Lindgren verbindet man gedanklich vieles mit Schweden. Finde das für dich persönlich heraus und beantworte folgende Fragen durch korrektes Ankreuzen! Die zutreffenden Lösungsbuchstaben in den Klammern ergeben in der richtigen Reihenfolge aufgeschrieben ein Lösungswort.

1. Die Bezeichnung „Schwedische Gardinen“ umschreibt ein …

   O Gasthaus (U) O Gefängnis (S) O Wohnzimmer (A) O Möbelhaus (B)

2. Welche Preise werden alljährlich in Schwedens Hauptstadt verliehen?

   O Oscars (H) O Buchpreise (E) O Kunstpreise (F) O Nobelpreise (T)

3. Die schwedische Rockgruppe mit Weltruf heißt …

   O ABBA (O) O Deichkind (D) O Beatles (R) O Tote Hosen (G)

4. Welches Tier gehört einfach zu Schweden?

   O Affe (S) O Nilpferd (U) O Elch (C) O Schlange (K)

5. Das typisch schwedische Brot ist das …

   O Fladenbrot (W) O Bauernbrot (N) O Knäckebrot (K)

6. Welcher schwedische Krimiautor ist gegenwärtig in aller Munde?

   O Henning Mankell (H) O Edgar Wallace (I) O Wolf Haas (B)

7. Der derzeit amtierende schwedische König trägt den Namen …

   O Peter Heinrich (M) O Carl Gustav (O) O Friedrich (L)

8. Welche Städte findet man in Schweden?

   O Malmö (L) O Oslo (T) O Göteborg (M) O Kopenhagen (A)

Das Lösungswort lautet:

Lösung: Typisch Schweden

Neben Astrid Lindgren verbindet man gedanklich vieles mit Schweden. Finde das für dich persönlich heraus und beantworte folgende Fragen durch korrektes Ankreuzen! Die zutreffenden Lösungsbuchstaben in den Klammern ergeben in der richtigen Reihenfolge aufgeschrieben ein Lösungswort.

1. Die Bezeichnung „Schwedische Gardinen" umschreibt ein …

   O Gasthaus (U) **X** Gefängnis (S) O Wohnzimmer (A) O Möbelhaus (B)

2. Welche Preise werden alljährlich in Schwedens Hauptstadt verliehen?

   O Oscars (H) O Buchpreise (E) O Kunstpreise (F) **X** Nobelpreise (T)

3. Die schwedische Rockgruppe mit Weltruf heißt …

   X ABBA(O) O Deichkind (D) O Beatles (R) O Tote Hosen (G)

4. Welches Tier gehört einfach zu Schweden?

   O Affe (S) O Nilpferd (U) **X** Elch (C) O Schlange (K)

5. Das typisch schwedische Brot ist das …

   O Fladenbrot (W) O Bauernbrot (N) **X** Knäckebrot (K)

6. Welcher schwedische Krimiautor ist gegenwärtig in aller Munde?

   X Henning Mankell (H) O Edgar Wallace (I) O Wolf Haas (B)

7. Der derzeit amtierende schwedische König trägt den Namen …

   O Peter Heinrich (M) **X** Carl Gustav (O) O Friedrich (L)

8. Welche Städte findet man in Schweden?

   X Malmö (L) O Oslo (T) **X** Göteborg (M) O Kopenhagen (A)

Das Lösungswort lautet:

S	T	O	C	K	H	O	L	M

Und das ist meine Meinung

Das hat mir besonders gut gefallen: ☺

○ Die Arbeitsanweisungen waren genau und verständlich formuliert.

○ Super, ich durfte mir meine Lernzeit und das Arbeitstempo selbst einteilen.

○ Beim Lösen der einzelnen Arbeitsaufgaben hatte ich keinerlei Probleme.

○ Mich motivierte die Art der Aufgabenstellungen ungemein.

○ ....

Das habe ich eigentlich so erwartet: 😐

○ Ich musste einige Male Lehrerhilfe in Anspruch nehmen.

○ Manche Aufgabenstellungen fand ich leicht, manche wieder schwieriger.

○ Die Einteilung meines persönlichen Arbeitstempos klappte nur teilweise.

○ Das Ergebnis meiner Arbeit hing von der jeweiligen Tagesverfassung ab.

○ ....

Das hat mir überhaupt nicht gefallen: ☹

○ Ich hatte große Schwierigkeiten, mit der Arbeit rechtzeitig fertig zu werden.

○ Ich verstand den Inhalt einiger Arbeitsanweisungen nicht.

○ Die meisten Aufgabenstellungen überforderten mich.

○ Ich musste ständig meinen Lehrer/meine Lehrerin um Auskunft bitten.

○ ....

Unterschrift des Schülers/der Schülerin: ....

Einfach Lyrikmania

Lernzielkatalog

Die Schüler/innen sollen

1. zumindest vier charakteristische Merkmale eines Gedichtes aufzählen;
2. Kreuz- und Paarreime in lyrischen Texten erkennen und voneinander unterscheiden;
3. ein Bildgedicht mit dem Titel „Der Schnupfen“ textlich und graphisch gestalten;
4. nach Reimvorgaben ein 2-strophiges, 8-zeiliges Gedicht zum Thema „Sommerliche Gefühle“ verfassen;
5. zwei selbst gewählte Gedichte nach vorgegebenen Beurteilungskriterien auswendig vortragen.

Was ist Lyrik?

Das Wort „Lyrik“ stammt aus dem Griechischen und leitet sich von „Lyra“, der griechischen Leier, ab. Die Lyrik hat demnach ihren Ursprung in der Musik der Antike. Im Übrigen zählt die Lyrik zu den Hauptgattungen der Dichtkunst und wird in vielerlei Formen des „Gedichts“ veranschaulicht.

Was sind eigentlich die typischen ***Merkmale eines Gedichts****? Das sollst du jetzt selbst herausfinden. Kreuze das deiner Meinung nach Zutreffende an!*

O Ein Gedicht kann, muss sich aber nicht reimen.

O Ein Gedicht verfügt über einen eigenen Sprachrhythmus.

O Ein Gedicht beschäftigt sich mit tagespolitischen Ereignissen.

O Ein Gedicht ist zumeist optisch durch die Strophenform gegliedert.

O Ein Gedicht muss sich immer reimen.

O Ein Gedicht erzählt grundsätzlich mehrere Geschichten.

O Ein Gedicht besitzt in der Regel einen Titel und kurze Verszeilen.

O Ein Gedicht handelt inhaltlich oft von der Gefühlswelt einer Person oder der Natur.

O Ein Gedicht beinhaltet nur Nomen, Verben und Adjektive.

Mein Lieblingsgedicht heißt „……………..…………………………..……“

Lösung: Was ist Lyrik?

Das Wort „Lyrik“ stammt aus dem Griechischen und leitet sich von „Lyra“, der griechischen Leier, ab. Die Lyrik hat demnach ihren Ursprung in der Musik der Antike. Im Übrigen zählt die Lyrik zu den Hauptgattungen der Dichtkunst und wird in vielerlei Formen des „Gedichts“ veranschaulicht.

Was sind eigentlich die typischen ***Merkmale eines Gedichts****? Das sollst du jetzt selbst herausfinden. Kreuze das deiner Meinung nach Zutreffende an!*

X Ein Gedicht kann, muss sich aber nicht reimen.

X Ein Gedicht verfügt über einen eigenen Sprachrhythmus.

O Ein Gedicht beschäftigt sich mit tagespolitischen Ereignissen.

X Ein Gedicht ist zumeist optisch durch die Strophenform gegliedert.

O Ein Gedicht muss sich immer reimen.

O Ein Gedicht erzählt grundsätzlich mehrere Geschichten.

X Ein Gedicht besitzt in der Regel einen Titel und kurze Verszeilen.

X Ein Gedicht handelt inhaltlich oft von der Gefühlswelt einer Person oder der Natur.

O Ein Gedicht beinhaltet nur Nomen, Verben und Adjektive.

Mein Lieblingsgedicht heißt „……………..……………………………..……“

Werner Routil: Wochenportfolios für den Deutschunterricht mit Lerneffekt · 6. Klasse · Best.-Nr. 754

Gedichte bestehen in den meisten Fällen aus „Reimen“. Wenn sich Wörter „reimen“, verfügen sie am Ende einer Verszeile im Gleichklang über dieselben Endsilben. Man unterscheidet folgende **Reimarten**:

1. Paarreim

Wolf HARRANTH

Klebe hier ein Bild von Wolf Harranth ein! (Internetsuche)

Du

„Mach die Augen **auf**, a
komm auf vieles **drauf**! a
Mach die Augen **zu**, b
und du bist **du**!“ b

2. Kreuzreim

Christian MORGENSTERN

Die Beichte eines Wurms

Es lebt in einer **Muschel** a
ein Wurm gar seltner **Art**; b
der hat mir mit Ge**tuschel** a
sein Herzchen offen**bart**. b

Suche nun jeweils einen „Vierzeiler“ zu jeder Reimart im Internet oder in einem Lesebuch; notiere darunter die gefundenen Verszeilen!

....	**a**	....	**a**
....	**a**	....	**b**
....	**b**	....	**a**
....	**b**	....	**b**

Ui je, hier sind die einzelnen Textzeilen eines Mira-Lobe-Gedichtes total durcheinander geraten. Stelle die Reihenfolge der Zeilen durch korrektes Nummerieren richtig und ergänze die Reimtabelle! Orientiere dich an den Wochentagen!

Klebe hier ein Bild von Mira Lobe ein! (Internetsuche)

Ich glaube, dann bin ich ein glückliches Kind

		Reim
2	blauen und gelben und **roten** …	**b**
	mit den vielen Du-darfst-nicht-Verboten …	
	und am Mittwoch gäb's keine Fabriken mehr	
	Ich glaube, dann bin ich ein glückliches **Kind**.	**d**
	und ab Samstag gäb's keine Kriege mehr	
1	Wenn am Montag die Welt voller Luftballons **wär'**,	**a**
17	mein lustigstes Lied, das allen gefällt.	
13	*dann … ja, was wäre denn **dann**?*	**c**
	und am Dienstag kämen zwei Löwen daher,	
	und am Donnerstag gäb's keine Tafeln mehr	
	mit qualmenden, stinkenden Schloten …	
	und am Freitag gäb's keine Schule mehr,	
	keine Angst vor Prüfung und Noten …	
	die reichten mir freundlich die Pfoten …	
	Der trägt es weit fort – und rund um die **Welt**	**e**
	Dann werf' ich mein lustigstes Lied in den Wind,	
	mit Bomben und Trümmern und Toten…	

Lasse zunächst die Lösungen von deinem Lehrer/deiner Lehrerin kontrollieren!

Schreibe danach die richtige Textversion des Mira-Lobe-Gedichtes auf deinem PC, drucke das fertige Blatt aus und klebe es sorgfältig auf dein Arbeitsblatt!

Werner Routil: Wochenportfolios für den Deutschunterricht mit Lerneffekt · 6. Klasse · Best.-Nr. 754
© Brigg Pädagogik Verlag GmbH, Augsburg

Lösung: Gedichtpuzzle

Ui je, hier sind die einzelnen Textzeilen eines Mira Lobe-Gedichtes total durcheinander geraten. Stelle die Reihenfolge der Zeilen durch korrektes Nummerieren richtig und ergänze die Reimtabelle! Orientiere dich an den Wochentagen!

Klebe hier ein Bild von Mira Lobe ein! (Internetsuche)

Ich glaube, dann bin ich ein glückliches Kind

		Reim
2	blauen und gelben und **roten** …	b
8	mit den vielen Du-darfst-nicht-Verboten …	b
5	und am Mittwoch gäb's keine Fabriken mehr	a
14	Ich glaube, dann bin ich ein glückliches **Kind**.	d
11	und ab Samstag gäb's keine Kriege mehr	a
1	Wenn am Montag die Welt voller Luftballons **wär'**,	a
17	mein lustigstes Lied, das allen gefällt.	e
13	*dann … ja, was wäre denn **dann**?*	c
3	und am Dienstag kämen zwei Löwen daher,	a
7	und am Donnerstag gäb's keine Tafeln mehr	a
6	mit qualmenden, stinkenden Schloten …	b
9	und am Freitag gäb's keine Schule mehr,	a
10	keine Angst vor Prüfung und Noten …	b
4	die reichten mir freundlich die Pfoten …	b
16	Der trägt es weit fort – und rund um die **Welt**	e
15	Dann werf' ich mein lustigstes Lied in den Wind,	d
12	mit Bomben und Trümmern und Toten…	b

Lasse zunächst die Lösungen von deinem Lehrer/deiner Lehrerin kontrollieren!

Schreibe danach die richtige Textversion des Mira-Lobe-Gedichtes auf deinem PC, drucke das fertige Blatt aus und klebe es sorgfältig auf dein Arbeitsblatt!

Ich glaube, dann bin ich ein glückliches Kind

Wie schauen denn deine persönlichen Glückssymbole aus?
Zeichne sie auf!

Ich glaube, dann bin ich ein glückliches Kind

**Wenn am Montag die Welt voller Luftballons wär',
blauen und gelben und roten...
und am Dienstag kämen zwei Löwen daher,
die reichten mir freundlich die Pfoten...
und am Mittwoch gäb's keine Fabriken mehr
mit qualmenden, stinkenden Schloten...
und am Donnerstag gäb's keine Tafeln mehr
mit den vielen Du-darfst-nicht-Verboten...
und am Freitag gäb's keine Schule mehr,
keine Angst vor Prüfung und Noten...
und ab Samstag gäb's keine Kriege mehr
mit Bomben und Trümmern und Toten...
dann... ja, was wäre denn dann?
Ich glaube, dann bin ich ein glückliches Kind.
Dann werf' ich mein lustigstes Lied in den Wind,
der trägt es weit fort – und rund um die Welt –
mein lustigstes Lied, das allen gefällt.**

(Mira Lobe)

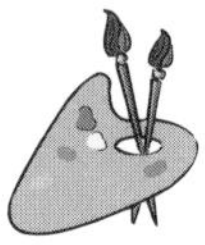

*Wie schauen denn deine persönlichen Glückssymbole aus?
Zeichne sie auf!*

Suche mit Hilfe des Reims die richtigen Lösungspaare und setze die beiden Textbausteine zum Thema „Frühling“ auf diese Weise sinnvoll zusammen!

Frühling und Frieden	Frühling und Krieg
1 Frühlingszeit und Blumen blühen,	**A** Menschen sterben, Kinder weinen.
2 Alles sprießt im Stillen, Kleinen.	**B** Armut, Elend, Not und Krieg.
3 Grün ist es in allen Auen,	**C** zum Kampf bereit, vor Bomben fliehen.
4 Vögel bringen uns Musik,	**D** Heim verloren – neu aufbauen!

Die richtigen Lösungspaare lauten: ....

Notiere nun darunter den Gesamttext dieses „Parallelgedichtes“ in den Farben Rot (für Krieg) und Grün (für Frieden)!

Frühlingserwachen in zwei Ländern

....

....

....

....

....

....

....

....

(*Silvia Kollegger, 14 Jahre*)

Lösung: Gedichtpuzzle

Suche mit Hilfe des Reims die richtigen Lösungspaare und setze die beiden Textbausteine zum Thema „Frühling" auf diese Weise sinnvoll zusammen!

Frühling und Frieden

1 Frühlingszeit und Blumen blühen,
2 Alles sprießt im Stillen, Kleinen.
3 Grün ist es in allen Auen,
4 Vögel bringen uns Musik,

Frühling und Krieg

A Menschen sterben, Kinder weinen.
B Armut, Elend, Not und Krieg.
C zum Kampf bereit, vor Bomben fliehen.
D Heim verloren – neu aufbauen!

Die richtigen Lösungspaare lauten: **1C, 2A, 3D, 4B**

Notiere nun darunter den Gesamttext dieses „Parallelgedichtes" in den Farben Rot (für Krieg) und Grün (für Frieden)!

Frühlingserwachen in zwei Ländern

Frühlingszeit und Blumen blühen,
zum Kampf bereit, vor Bomben fliehen.

Alles sprießt im Stillen, Kleinen.
Menschen sterben, Kinder weinen.

Grün ist es in allen Auen,
Heim verloren – neu aufbauen!

Vögel bringen uns Musik,
Armut, Elend, Not und Krieg.

(*Silvia Kollegger, 14 Jahre*)

Hier findest du ein Musterbeispiel für ein „Bildgedicht“. Der Text dazu stammt übrigens von Josef Guggenmos. Beachte vor allem das kreative Zusammenspiel von Text und Bild!

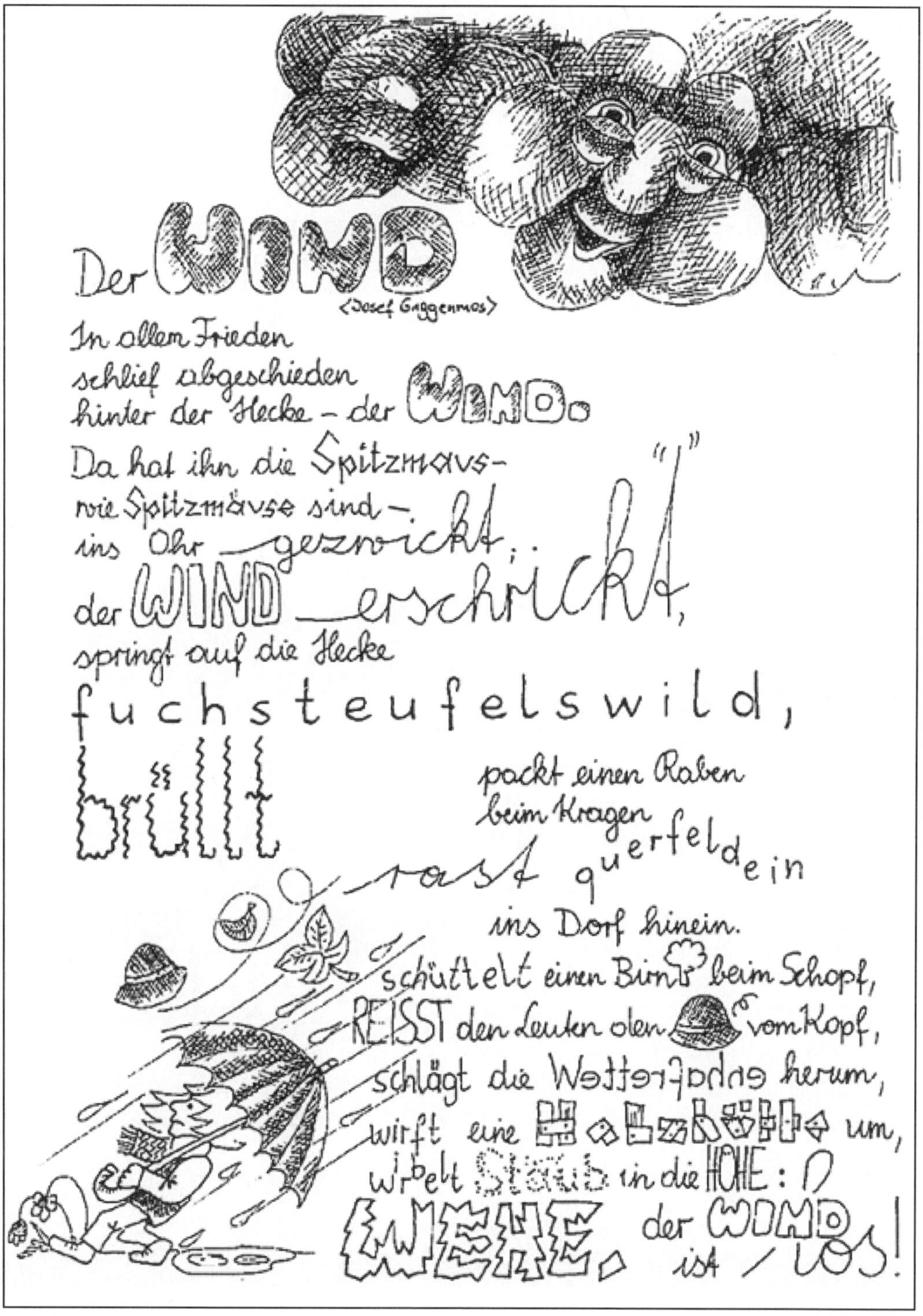

(aus Sonja Vucsina: „Deutsch anders unterrichten“, Veritas-Verlag, Linz, 1998)

Übertrage nun den Text von Christian Morgenstern in ein modernes „Bildgedicht", indem du verschiedene Schriftarten, Schriftgrößen, Farben und Zeichnungen verwendest! Davor musst du allerdings noch den Text in eine geordnete Versform bringen und die fehlenden Satzzeichen ergänzen.

Der Schnupfen

Ein Schnupfen hockt auf der Terrasse auf dass er sich ein Opfer fasse Und stürzt alsbald mit großem Grimm auf einen Menschen namens Schrimm Paul Schrimm erwidert prompt „Pitschü!" und hat ihn drauf bis Montag früh

Der Schnupfen

Im folgenden Adventsgedicht sollen von dir einige Textlücken gefüllt werden. Du findest die richtigen Lösungen unter den Wortbeispielen der Wörterbox.

Advent

Fröhliche ………………., die ich seh‘,
es riecht nach Punsch und ……………… .
Jemand verkauft ……………. Tee,
langsam beginnt es zu ……………… .

……………. ist es bitterkalt,
doch die Menschen wirken ………… .
Nichts zu merken von …………… .
Warum ist es nicht ……………. so?

Eine …….. , in der wir schenken,
weil es immer schon so ……… ,
in der ……….auch an and’re denken,
die schönste Zeit im ganzen ……….. .

(Silvia Kollegger, 14 Jahre)

Wörterbox:

Bäckereien, wir, Woche, Zeit, drinnen, froh, lustig, draußen, kalten, heißen, Kinder, Tiere, schneien, immer, war, sie, Jahr, traurig, Gewalt, ist, regnen;

Lösung: Mir fehlen die Worte

Im folgenden Adventsgedicht sollen von dir einige Textlücken gefüllt werden. Du findest die richtigen Lösungen unter den Wortbeispielen der Wörterbox.

Advent

Fröhliche **Kinder**, die ich seh‘,
es riecht nach Punsch und **Bäckereien**.
Jemand verkauft **heißen** Tee,
langsam beginnt es zu **schneien**.

Draußen ist es bitterkalt,
doch die Menschen wirken **froh**.
Nichts zu merken von **Gewalt**.
Warum ist es nicht **immer** so?

Eine **Zeit**, in der wir schenken,
weil es immer schon so **war**,
in der **wir** auch an and’re denken,
die schönste Zeit im ganzen **Jahr**.

(*Silvia Kollegger, 14 Jahre*)

Wörterbox:

Bäckereien, wir, Woche, Zeit, drinnen, froh, lustig, draußen, kalten, heißen, Kinder, Tiere, schneien, immer, war, sie, Jahr, traurig, Gewalt, ist, regnen;

Lies die vorliegenden Textzeilen in der Wiener Mundart deinem Lehrer/deiner Lehrerin zunächst laut vor und „übersetze“ anschließend die unterstrichenen Wörter in die Standardsprache!

I wer‘ blad

(gekürzt und sinngemäß zitiert nach Kurt Sowinetz:
„Alle Menschen san ma zwider“, Preiser Records, Wien, 1972)

1. I wer‘ blad, sogt *er,*
   is a Schand.
   Über'n Bauch, sogt *er*,
   spaunt mi's Gwand.

2. Is‘ ka Wunda, sogt *sie*,
   frisst jo gnua.
   Schau die Hosn, sogt *sie*,
   geht net zua.

3. Muass wos g'schehn, sogt *er*,
   a Diät,

4. Oba gleich, sogt *sie*,
   sunst is‘ z'spät!

	Standardsprache		**Standardsprache**
wer‘		wos	
spaunt		oba	
ka		sunst	
gnua		z'pät	

Was tust du, um dich gesund und körperbewusst zu ernähren? Führe drei Beispiele an!

1. ....

2. ....

3. ....

Quelle Foto: © Knisper5/PIXELIO

Lösung: Mundartgedicht

Lies die vorliegenden Textzeilen in der Wiener Mundart deinem Lehrer/deiner Lehrerin zunächst laut vor und „übersetze“ anschließend die unterstrichenen Wörter in die Standardsprache!

I wer‘ blad

(gekürzt und sinngemäß zitiert nach Kurt Sowinetz:
„Alle Menschen san ma zwider“, Preiser Records, Wien, 1972)

1. I wer‘ blad, sogt *er,*
is a Schand.
Über’n Bauch, sogt *er*,
spaunt mi’s Gwand.

2. Is‘ ka Wunda, sogt *sie*,
frisst jo gnua.
Schau die Hosn, sogt *sie*,
geht net zua.

3. Muass wos g’schehn, sogt *er*,
a Diät,

4. Oba gleich, sogt *sie*,
sunst is‘ z’spät!

	Standardsprache		Standardsprache
wer‘	**werde**	wos	**etwas**
spaunt	**spannt**	oba	**aber**
ka	**kein**	sunst	**sonst**
gnua	**genug**	z‘pät	**zu spät**

Was tust du, um dich gesund und körperbewusst zu ernähren? Führe drei Beispiele an!

1. **Fettarme Nahrungsmittel verzehren**

2. **Die Mahlzeiten regelmäßig einnehmen**

3. **Auf Ausgewogenheit in der Ernährung achten** (mögliche Lösungen)

Quelle Foto: © Knisper5/PIXELIO

Lies dir zunächst einmal alle Wortnotizen über den „Sommer“ genau durch!

TRÄUME **FRISCH** **SCHWÜL** **BUNT**

DUFT **BLÜHEN** **WIEGEN**

BLUMEN **SOMMER** **FLATTERN**

BÄUME **KÜHL** **HIMMEL** **LIEGEN**

BRUMMEN **WEITER** **SUMMEN**

HEITER **LUFT**

Welche Nomen, Verben und Adjektive hast du entdeckt? Trage die Wörter in Schreibschrift in die entsprechende Spalte ein!

Nomen	Verben	Adjektive

Lösung: Gedichtwerkstatt

Lies dir zunächst einmal alle Wortnotizen über den „Sommer" genau durch!

TRÄUME **FRISCH** **SCHWÜL** **BUNT**

DUFT **BLÜHEN** **WIEGEN**

BLUMEN **SOMMER** **FLATTERN**

BÄUME **KÜHL** **HIMMEL** **LIEGEN**

BRUMMEN **WEITER** **SUMMEN**

HEITER **LUFT**

Welche Nomen, Verben und Adjektive hast du entdeckt? Trage die Wörter in Schreibschrift in die entsprechende Spalte ein!

Nomen	Verben	Adjektive
Träume	blühen	frisch
Duft	wiegen	schwül
Blumen	flattern	bunt
Bäume	liegen	kühl
Himmel	brummen	weiter
Luft	summen	heiter

Notiere hier jetzt alle 6 Reimpaare aus der Wortarten-Tabelle!

Reimpaar 1	Reimpaar 2	Reimpaar 3
Reimpaar 4	**Reimpaar 5**	**Reimpaar 6**

Verfasse nun mit Hilfe der Wörter aus der obigen Reimpaar-Tabelle selbst ein Gedicht mit 2 Strophen und 8 Verszeilen zum Thema „Sommerliche Gefühle“!
Überlege dir zuvor, ob dein Gedicht im Paarreim oder im Kreuzreim stehen soll!

Sommerliche Gefühle

....

....

....

....

....

....

....

....

Lösung: Gedichtwerkstatt

Notiere hier jetzt alle 6 Reimpaare aus der Wortarten-Tabelle!

Reimpaar 1	Reimpaar 2	Reimpaar 3
Träume	**Duft**	**wiegen**
Bäume	**Luft**	**liegen**
Reimpaar 4	**Reimpaar 5**	**Reimpaar 6**
brummen	**schwül**	**weiter**
summen	**kühl**	**heiter**

Verfasse nun mit Hilfe der Wörter aus der obigen Reimpaar-Tabelle selbst ein Gedicht mit 2 Strophen und 8 Verszeilen zum Thema „Sommerliche Gefühle"!
Überlege dir zuvor, ob dein Gedicht im Paarreim oder im Kreuzreim stehen soll!

Sommerliche Gefühle

Einfach Lyrikmania

Gedichte auswendig aufsagen

Lerne nun zumindest zwei der drei angegebenen Gedichte auswendig und sage sie vor der Klasse laut auf!

Gedicht	Titel	Datum	Gesamtbeurteilung
1	„I wer‘ blad“		
2	„Ich glaube, dann bin ich ein glückliches Kind“		
3	„Advent“		

Hier findest du einige Kriterien, nach denen eine gerechte Beurteilung deines Gedichtvortrages seitens deiner Klassenkamerad/innen erfolgen kann:

1. nach Vollständigkeit und Lautstärke

- O Konntest du den Originalwortlaut des Gedichts vollständig wiedergeben?
- O War dein Vortrag in angemessener Lautstärke?

2. nach Sinnerfassung und Sprechmelodie

- O Konntest du durch deine Sprechweise den Sinn des Gedichts vermitteln?

3. nach Körpersprache und Gesamteindruck

- O Wie war deine Mimik und Gestik während des Gedichtvortrages?
- O Wurde von dir ein Blickkontakt zu den Zuhörer/innen hergestellt?

Das hat mir besonders gut gefallen: ☺

○ Die Arbeitsanweisungen waren genau und verständlich formuliert.

○ Super, ich durfte mir meine Lernzeit und das Arbeitstempo selbst einteilen.

○ Beim Lösen der einzelnen Arbeitsaufgaben hatte ich keinerlei Probleme.

○ Mich motivierte die Art der Aufgabenstellungen ungemein.

○ ……………………………………………………………………… .

Das habe ich eigentlich so erwartet: 😐

○ Ich musste einige Male Lehrerhilfe in Anspruch nehmen.

○ Manche Aufgabenstellungen fand ich leicht, manche wieder schwieriger.

○ Die Einteilung meines persönlichen Arbeitstempos klappte nur teilweise.

○ Das Ergebnis meiner Arbeit hing von der jeweiligen Tagesverfassung ab.

○ ……………………………………………………………………… .

Das hat mir überhaupt nicht gefallen: ☹

○ Ich hatte große Schwierigkeiten, mit der Arbeit rechtzeitig fertig zu werden.

○ Ich verstand den Inhalt einiger Arbeitsanweisungen nicht.

○ Die meisten Aufgabenstellungen überforderten mich.

○ Ich musste ständig meinen Lehrer/meine Lehrerin um Auskunft bitten.

○ ……………………………………………………………………… .

Unterschrift des Schülers/der Schülerin: ………………………………………

Zeit für Zeitformen

Lernzielkatalog

Die Schüler/innen sollen

1. die lateinischen Fachbegriffe für „Gegenwart“, „Erste Vergangenheit“, „Zweite Vergangenheit“, „Dritte Vergangenheit“ und „Zukunft“ nennen;
2. die Zeitformen „Präsens“ und „Präteritum“ textsortenkonform korrekt zuordnen;
3. die Zeitformen „Präsens“, „Präteritum“, „Perfekt“, „Plusquam perfekt“ und „Futur“ erkennen, bilden und in diversen vorgegebenen Texten fehlerfrei einsetzen;
4. die Zeitformen-Reg el für die Vorzeitigkeit I (Präsens-Perfekt) und Vorzeitigkeit II (Präteritum-Plusquamperfekt) korrekt in Satzbeispielen anwenden.

Zeit für Zeitformen

Übersicht

Welche Zeitformen haben welche Bezeichnungen? Überprüfe dein Vorwissen und suche die richtigen Lösungspaare!

1	Präsens	**A**	Gegenwart
2	Präteritum	**B**	Zukunft
3	Perfekt	**C**	2. Vergangenheit
4	Plusquamperfekt	**D**	1. Vergangenheit
5	Futur	**E**	3. Vergangenheit

Die richtigen Lösungspaare lauten: ....

Welche Textsorten des täglichen Lebens stehen in welcher Zeitform? Vervollständige die tabellarische Übersicht!

Zur Auswahl stehen:

Personenbeschreibung, Katalogtext, Nachrichten, Unfallbericht, Kochrezept, Erlebnisaufsatz, Sagen, Inhaltsangabe, Gebrauchsanweisung, Spielanleitung, Märchen und Nacherzählung.

Im PRÄSENS stehen	Im PRÄTERITUM stehen

Zeit für Zeitformen

Lösung: Übersicht

Welche Zeitformen haben welche Bezeichnungen? Überprüfe dein Vorwissen und suche die richtigen Lösungspaare!

1	Präsens	**A**	Gegenwart
2	Präteritum	**B**	Zukunft
3	Perfekt	**C**	2. Vergangenheit
4	Plusquamperfekt	**D**	1. Vergangenheit
5	Futur	**E**	3. Vergangenheit

Die richtigen Lösungspaare lauten: **1A, 2D, 3C, 4E, 5B**

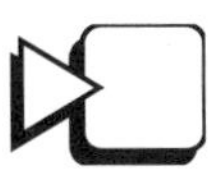

Welche Textsorten des täglichen Lebens stehen in welcher Zeitform? Vervollständige die tabellarische Übersicht!

Zur Auswahl stehen:

Personenbeschreibung, Katalogtext, Nachrichten, Unfallbericht, Kochrezept, Erlebnisaufsatz, Sagen, Inhaltsangabe, Gebrauchsanweisung, Spielanleitung, Märchen und Nacherzählung.

Im PRÄSENS stehen	Im PRÄTERITUM stehen
Personenbeschreibung	**Nachrichten**
Katalogtext	**Unfallbericht**
Kochrezept	**Erlebnisaufsatz**
Inhaltsangabe	**Sagen**
Gebrauchsanweisung	**Märchen**
Spielanleitung	**Nacherzählung**

Zeit für Zeitformen

Präsens

Trage die fehlenden Verbformen in die Stammformen-Tabelle ein! Der Rechtschreibduden hilft dir dabei.

1. Stammform	2. Stammform	3. Stammform
erreichen		
erhalten		
liegen		
erwarten		
sein		
verfügen		

MERKE: Das **Präsens** drückt gegenwärtiges Geschehen aus und wird mit der **1. Stammform** gebildet.

Ergänze die fehlenden Verbformen sinngemäß im Präsens!

Das von uns empfohlene Hotel .... im Zentrum der Stadt.

Sie .... deshalb alle Sehenswürdigkeiten problemlos zu Fuß.

Das Haus .... über insgesamt 62 Zimmer und 3 Suiten.

Besonders erwähnenswert .... das reichhaltige Frühstücksbuffet.

Jeder Gast .... zudem als Willkommensgruß ein Glas Sekt.

Das freundliche Hotelteam .... Sie bereits.

(aus einem *Reiseprospekt)*

Zeit für Zeitformen

Lösung: Präsens

Trage die fehlenden Verbformen in die Stammformen-Tabelle ein! Der Rechtschreibduden hilft dir dabei.

1. Stammform	2. Stammform	3. Stammform
erreichen	**erreichte**	**erreicht**
erhalten	**erhielt**	**erhalten**
liegen	**lag**	**gelegen**
erwarten	**erwartete**	**erwartet**
sein	**war**	**gewesen**
verfügen	**verfügte**	**verfügt**

MERKE: Das **Präsens** drückt gegenwärtiges Geschehen aus und wird mit der **1. Stammform** gebildet.

Ergänze die fehlenden Verbformen sinngemäß im Präsens!

Das von uns empfohlene Hotel **liegt** im Zentrum der Stadt.

Sie **erreichen** deshalb alle Sehenswürdigkeiten problemlos zu Fuß.

Das Haus **verfügt** über insgesamt 62 Zimmer und 3 Suiten.

Besonders erwähnenswert **ist** das reichhaltige Frühstücksbuffet.

Jeder Gast **erhält** zudem als Willkommensgruß ein Glas Sekt.

Das freundliche Hotelteam **erwartet** Sie bereits.

(aus einem *Reiseprospekt)*

Zeit für Zeitformen

Präteritum

Trage die fehlenden Verbformen in die Stammformen-Tabelle ein! Der Rechtschreibduden hilft dir dabei.

1. Stammform	**2. Stammform**	3. Stammform
	verständigte	
	nahm fest	
	traf ein	
	drang ein	
	beobachtete	
	benützte	

MERKE: Das **Präteritum** drückt vergangenes Geschehen aus und wird mit der **2. Stammform** gebildet.

Ergänze die fehlenden Verbformen sinngemäß im Präteritum!

Der Täter ……………...…….. im Schutze der Dunkelheit gegen 22 Uhr über den Balkon in die Villa des Unternehmers ……......……………......……. . Er ……………………….....… dabei fachmännisches Werkzeug. Die zufällig vorbeikommende Passantin Gabriele Huber …………………… den Einbruch und ………………… mit ihrem Handy sofort die Kriminalpolizei. Unsere Beamten …………….. schließlich gegen 22.15 Uhr am Tatort ………….. und ……………………….. den Einbrecher unverzüglich …………......……. .

(aus einem *Polizeiprotokoll*)

Zeit für Zeitformen

Lösung: Präteritum

Trage die fehlenden Verbformen in die Stammformen-Tabelle ein! Der Rechtschreibduden hilft dir dabei.

1. Stammform	**2. Stammform**	3. Stammform
verständigen	**verständigte**	**verständigt**
festnehmen	**nahm fest**	**festgenommen**
eintreffen	**traf ein**	**eingetroffen**
eindringen	**drang ein**	**eingedrungen**
beobachten	**beobachtete**	**beobachtet**
benützen	**benützte**	**benützt**

MERKE: Das **Präteritum** drückt vergangenes Geschehen aus und wird mit der **2. Stammform** gebildet.

Ergänze die fehlenden Verbformen sinngemäß im Präteritum!

Der Täter **drang** im Schutze der Dunkelheit gegen 22 Uhr über den Balkon in die Villa des Unternehmers **ein**. Er **benützte** dabei fachmännisches Werkzeug. Die zufällig vorbeikommende Passantin Gabriele Huber **beobachtete** den Einbruch und **verständigte** mit ihrem Handy sofort die Kriminalpolizei. Unsere Beamten **trafen** schließlich gegen 22.15 Uhr am Tatort **ein** und **nahmen** den Einbrecher unverzüglich **fest**.

(aus einem *Polizeiprotokoll*)

Zeit für Zeitformen

Perfekt

Trage die fehlenden Verbformen in die Stammformen-Tabelle ein! Der Rechtschreibduden hilft dir dabei.

1. Stammform	2. Stammform	**3. Stammform**	**Perfekt**
		gewesen	***ist* gewesen**
		geboten	***haben* geboten**
		gefallen	***hat* gefallen**
		gepatzt	***hat* gepatzt**
		vorgekommen	***sind* vorgekommen**
		beeindruckt	***haben* beeindruckt**

MERKE: Das **Perfekt** drückt vergangenes Geschehen aus und wird mit den Hilfszeitwörtern ***haben/sein* und der 3. Stammform** gebildet.

Ergänze die fehlenden Verbformen sinngemäß im Perfekt!

Meiner Ansicht nach ………… alle Hauptdarsteller eine hervorragende Leistung ……………………….. . Die tänzerischen Einlagen des Balletts …….……. uns sehr …………… ……. . Kurz nach der Pause …….. das Orchester leider ein wenig …..……………… . Meinem Mann ………. die perfekte Bühnentechnik besonders ……………….. . Für mich persönlich …….. die Schlussszene der Höhepunkt ……….………. . Für uns Kulturkritiker …….. viele berichtenswerte Dinge ………………….. .

(Stimmen nach einer *Musical-Premiere*)

Werner Routil: Wochenportfolios für den Deutschunterricht mit Lerneffekt · 6. Klasse · Best.-Nr. 754

Zeit für Zeitformen

Lösung: Perfekt

Trage die fehlenden Verbformen in die Stammformen-Tabelle ein! Der Rechtschreibduden hilft dir dabei.

1. Stammform	2. Stammform	**3. Stammform**	**Perfekt**
sein	**war**	**gewesen**	***ist* gewesen**
bieten	**bot**	**geboten**	***haben* geboten**
gefallen	**gefiel**	**gefallen**	***hat* gefallen**
patzen	**patzte**	**gepatzt**	***hat* gepatzt**
vorkommen	**kam vor**	**vorgekommen**	***sind* vorgekommen**
beeindrucken	**beeindruckte**	**beeindruckt**	***haben* beeindruckt**

MERKE: Das **Perfekt** drückt vergangenes Geschehen aus und wird mit den Hilfszeitwörtern ***haben/sein*** **und der 3. Stammform** gebildet.

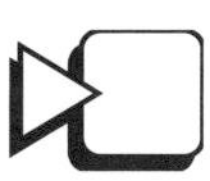

Ergänze die fehlenden Verbformen sinngemäß im Perfekt!

Meiner Ansicht nach **haben** alle Hauptdarsteller eine hervorragende Leistung **geboten**. Die tänzerischen Einlagen des Balletts **haben** uns sehr **beeindruckt**. Kurz nach der Pause **hat** das Orchester leider ein wenig **gepatzt**. Meinem Mann **hat** die perfekte Bühnentechnik besonders **gefallen**. Für mich persönlich **ist** die Schlussszene der Höhepunkt **gewesen**. Für uns Kulturkritiker **sind** viele berichtenswerte Dinge **vorgekommen**.

(Stimmen nach einer *Musical-Premiere*)

Zeit für Zeitformen

Plusquamperfekt

Trage die fehlenden Verbformen in die Stammformen-Tabelle ein! Der Rechtschreibduden hilft dir dabei.

1. Stammform	2. Stammform	**3. Stammform**	**Plusquamperfekt**
		gewehrt	***hatte* gewehrt**
		gekommen	***waren* gekommen**
		beeinflusst	***hatte* beeinflusst**
		gestanden	***war* gestanden**
		überstanden	***hatte* überstanden**
		gereicht	***hatte* gereicht**

MERKE: Das **Plusquamperfekt** drückt vergangenes Geschehen aus und wird mit den Hilfszeitwörtern ***hatten/waren*** **und der 3. Stammform** gebildet.

Ergänze die fehlenden Verbformen sinngemäß im Plusquamperfekt!

Bevor das Resultat endgültig feststand,

.... unsere Abwehr die frühe Drangperiode des Gegners .... ;

.... die gegnerischen Spieler mehrmals gefährlich vors Tor .... ;

.... die Schiedsrichterentscheidung das Spiel entscheidend .... ;

.... das Elfmetertor unseres Teams zur Pausenführung .... ;

.... sich unsere Elf mit allen Mitteln gegen den Ausgleich .... ;

.... letztlich das Glück auf der Seite des Tüchtigen ....

(aus einer *Sportreportage*)

Werner Routil: Wochenportfolios für den Deutschunterricht mit Lerneffekt · 6. Klasse · Best.-Nr. 754

Zeit für Zeitformen

Lösung: Plusquamperfekt

Trage die fehlenden Verbformen in die Stammformen-Tabelle ein! Der Rechtschreibduden hilft dir dabei.

1. Stammform	2. Stammform	**3. Stammform**	**Plusquamperfekt**
wehren	**wehrte**	**gewehrt**	***hatte* gewehrt**
kommen	**kam**	**gekommen**	***waren* gekommen**
beeinflussen	**beeinflusste**	**beeinflusst**	***hatte* beeinflusst**
stehen	**stand**	**gestanden**	***war* gestanden**
überstehen	**überstand**	**überstanden**	***hatte* überstanden**
reichen	**reichte**	**gereicht**	***hatte* gereicht**

MERKE: Das **Plusquamperfekt** drückt vergangenes Geschehen aus und wird mit den Hilfszeitwörtern ***hatten/waren*** **und der 3. Stammform** gebildet.

Ergänze die fehlenden Verbformen sinngemäß im Plusquamperfekt!

Bevor das Resultat endgültig feststand,

hatte unsere Abwehr die frühe Drangperiode des Gegners **überstanden**;

waren die gegnerischen Spieler mehrmals gefährlich vors Tor **gekommen**;

hatte die Schiedsrichterentscheidung das Spiel entscheidend **beeinflusst**;

hatte das Elfmetertor unseres Teams zur Pausenführung **gereicht**;

hatte sich unsere Elf mit allen Mitteln gegen den Ausgleich **gewehrt**;

war letztlich das Glück auf der Seite des Tüchtigen **gestanden**.

(aus einer *Sportreportage*)

Zeit für Zeitformen

Futur

Trage die fehlenden Verbformen in die Stammformen-Tabelle ein! Der Rechtschreibduden hilft dir dabei.

1. Stammform	**Futur**	2. Stammform	3. Stammform
informieren	***werden* informieren**		
antreten	***werdet* antreten**		
nehmen	***werden* nehmen**		
rauchen	***werde* rauchen**		
sein	***werde* sein**		
schaffen	***wirst* schaffen**		

MERKE: Das **Futur** drückt zukünftiges Geschehen aus und wird mit dem Hilfszeitwort ***werden* und der 1. Stammform** gebildet.

Ergänze die fehlenden Verbformen sinngemäß im Futur!

„Ich .... nächstes Jahr im Kindergarten braver ....“, ruft die 5-jährige Tina. „ ....du das auch wirklich ....?“, fragt ihre Mutter. „Ich .... täglich weniger Zigaretten ....“, verspricht der Großvater. Herbert Müller meint schmunzelnd: „Gerda und ich .... dich beim Wort ...., Vater.“ „Ihr .... hoffentlich im August endlich eure Weltreise ....“, fügt die Großmutter hinzu. „Wir ....dich rechtzeitig davon.........................“, antwortet ihre Schwiegertochter. (*Vorsätze* der Familie Müller)

Lösung: Futur

Trage die fehlenden Verbformen in die Stammformen-Tabelle ein! Der Rechtschreibduden hilft dir dabei.

1. Stammform	**Futur**	2. Stammform	3. Stammform
informieren	***werden* informieren**	**informierte**	**informiert**
antreten	***werdet* antreten**	**trat an**	**angetreten**
nehmen	***werden* nehmen**	**nahm**	**genommen**
rauchen	***werde* rauchen**	**rauchte**	**geraucht**
sein	***werde* sein**	**war**	**gewesen**
schaffen	***wirst* schaffen**	**schaffte**	**geschafft**

MERKE: Das **Futur** drückt zukünftiges Geschehen aus und wird mit dem Hilfszeitwort ***werden* und der 1. Stammform** gebildet.

Ergänze die fehlenden Verbformen sinngemäß im Futur!

„Ich **werde** nächstes Jahr im Kindergarten braver **sein**“, ruft die 5-jährige Tina. „**Wirst** du das auch wirklich **schaffen**?“, fragt ihre Mutter. „Ich **werde** täglich weniger Zigaretten **rauchen**“, verspricht der Großvater. Herbert Müller meint schmunzelnd: „Gerda und ich **werden** dich beim Wort **nehmen**, Vater.“ „Ihr **werdet** hoffentlich im August endlich eure Weltreise **antreten**“, fügt die Großmutter hinzu. „Wir **werden** dich rechtzeitig davon **informieren**“, antwortet ihre Schwiegertochter.

(*Vorsätze* der Familie Müller)

Aus einem E-Mail-Text

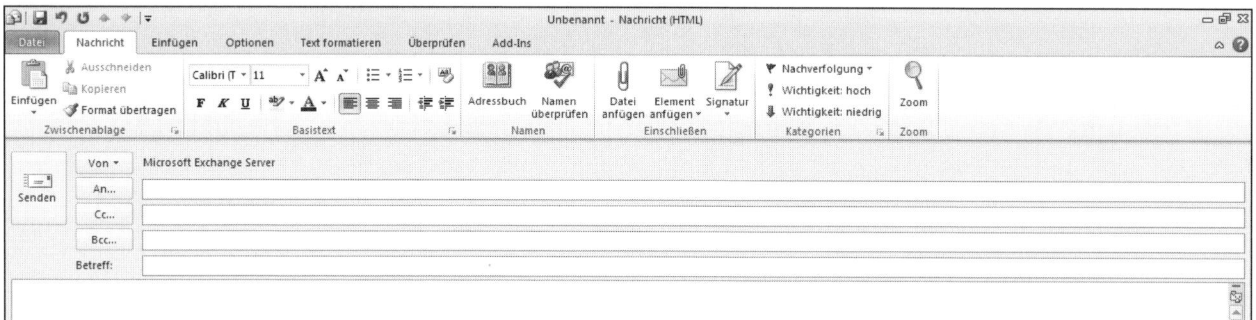

Ich möchte dir anfangs ein paar persönliche Neuigkeiten mitteilen. In der letzten Woche gab es bei mir einige schulische Probleme zu lösen. In Mathematik musste ich beispielsweise besonders viel üben. Ich hatte diesen Gegenstand ursprünglich nicht so ernst genommen. Du siehst, ich bin zumindest ehrlich!
Sicherlich werden sich im nächsten Schuljahr meine Leistungen grundsätzlich verbessern müssen. Ich habe mir das jedenfalls fest vorgenommen. Darüber werden sich meine Eltern und Lehrer hoffentlich freuen.

Welche Sätze des obigen Textes stehen in welcher Zeitform? Ordne sie zu und notiere sie darunter!

PRÄSENS

....

....

....

PERFEKT

....

....

Zeit für Zeitformen

Zeitformen zuordnen

PRÄTERITUM

....

....

....

....

PLUSQUAMPERFEKT

....

....

....

....

FUTUR

....

....

....

....

Fehleranzahl: ....

Lösung: Zeitformen zuordnen

Aus einem E-Mail-Text

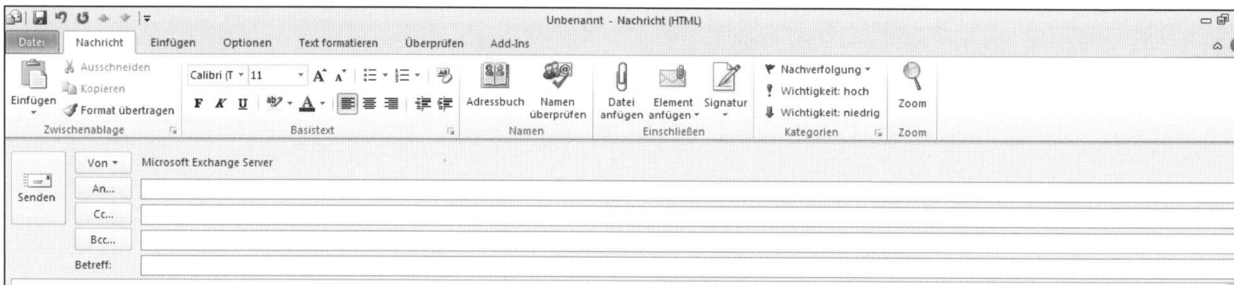

Ich möchte dir anfangs ein paar persönliche Neuigkeiten mitteilen. In der letzten Woche gab es bei mir einige schulische Probleme zu lösen. In Mathematik musste ich beispielsweise besonders viel üben. Ich hatte diesen Gegenstand ursprünglich nicht so ernst genommen. Du siehst, ich bin zumindest ehrlich!
Sicherlich werden sich im nächsten Schuljahr meine Leistungen grundsätzlich verbessern müssen. Ich habe mir das jedenfalls fest vorgenommen. Darüber werden sich meine Eltern und Lehrer hoffentlich freuen.

Welche Sätze des obigen Textes stehen in welcher Zeitform? Ordne sie zu und notiere sie darunter!

PRÄSENS

Ich möchte dir anfangs ein paar persönliche Neuigkeiten mitteilen.

Du siehst, ich bin zumindest ehrlich!

....

PERFEKT

Ich habe mir das jedenfalls fest vorgenommen.

....

Lösung: Zeitformen zuordnen

PRÄTERITUM

In der letzten Zeit gab es bei mir einige schulische Probleme zu lösen.

In Mathematik musste ich beispielsweise besonders viel üben.

....

....

PLUSQUAMPERFEKT

Ich hatte diesen Gegenstand ursprünglich nicht so ernst genommen.

....

....

....

FUTUR

Sicherlich werden sich im nächsten Schuljahr meine Leistungen grundsätzlich verbessern müssen.

Darüber werden sich meine Eltern und Lehrer hoffentlich freuen.

....

Fehleranzahl: ....

In andere Zeitformen setzen

Dieser Text über das Leben von Michael Jackson steht im Präteritum:

Michael Jackson wurde am 29. August 1958 in Gary, Indiana (USA) als achtes von insgesamt zehn Kindern geboren. Bereits in jungen Jahren erkannte man sein großes musikalisches Talent. Deshalb nannte man ihn auch recht bald den „King of Pop". Der Künstler unterzog sich im Laufe seines Lebens mehreren kosmetischen Operationen. Seine großzügige Spendenbereitschaft erlangte genauso Weltberühmtheit wie seine Musik. Michael Jackson starb am 25. Juni 2009 in Los Angeles an einer Medikamentenüberdosis.

Klebe hier ein Bild von Michael Jackson ein! (Internetsuche)

Übertrage nun die Lebenslauf-Textvorlage ins ***Präsens****!*

Nach einem Jackson-Konzert

„Michael Jackson hat von der ersten Minute an das Publikum begeistert. Seine rhythmischen Tanzbewegungen haben die Leute sofort mitgerissen. Als die ersten Takte von „Thriller“ erklungen sind, sind vor allem die weiblichen Fans fast ausgeflippt. Die Männer von der Security haben jedenfalls genug zu tun gehabt. Es ist einfach ein tolles Konzert gewesen!“ (Jürgen, 16 Jahre)

In welcher Zeitform steht Jürgens mündlicher Augenzeugenbericht? ....

*Übertrage den Text ins **Präteritum**!*

Lösung: In andere Zeitformen setzen

Dieser Text über das Leben von Michael Jackson steht im Präteritum:

Michael Jackson wurde am 29. August 1958 in Gary, Indiana (USA) als achtes von insgesamt zehn Kindern geboren. Bereits in jungen Jahren erkannte man sein großes musikalisches Talent. Deshalb nannte man ihn auch recht bald den „King of Pop“. Der Künstler unterzog sich im Laufe seines Lebens mehreren kosmetischen Operationen. Seine großzügige Spendenbereitschaft erlangte genauso Weltberühmtheit wie seine Musik. Michael Jackson starb am 25. Juni 2009 in Los Angeles an einer Medikamentenüberdosis.

Klebe hier ein Bild von Michael Jackson ein! (Internetsuche)

*Übertrage nun die Lebenslauf-Textvorlage ins **Präsens**!*

Michael Jackson wird am 29. August 1958 in Gary, Indiana (USA) als achtes von zehn Kindern geboren. Bereits in jungen Jahren erkennt man sein großes musikalisches Talent. Deshalb nennt man ihn auch recht bald den „King of Pop“. Der Künstler unterzieht sich im Laufe seines Lebens mehreren kosmetischen Operationen. Seine großzügige Spendenbereitschaft erlangt genauso Weltberühmtheit wie seine Musik.

Lösung: In andere Zeitformen setzen

Michael Jackson stirbt am 25. Juni 2009 in Los Angeles an einer Medikamentenüberdosis.

....

Nach einem Jackson-Konzert

„Michael Jackson hat von der ersten Minute an das Publikum begeistert. Seine rhythmischen Tanzbewegungen haben die Leute sofort mitgerissen. Als die ersten Takte von „Thriller“ erklungen sind, sind vor allem die weiblichen Fans fast ausgeflippt. Die Männer von der Security haben jedenfalls genug zu tun gehabt. Es ist einfach ein tolles Konzert gewesen!“ (Jürgen, 16 Jahre)

In welcher Zeitform steht Jürgens mündlicher Augenzeugenbericht? **Im Perfekt**

Übertrage den Text ins ***Präteritum****!*

„Michael Jackson begeisterte von der ersten Minute an das Publikum. Seine rhythmischen Tanzbewegungen rissen die Leute sofort mit. Als die ersten Takte von „Thriller“ erklangen, flippten vor allem die weiblichen Fans fast aus. Die Männer von der Security hatten jedenfalls genug zu tun. Es war einfach ein tolles Konzert!“

Unterstreiche alle Prädikatsteile mit einem Rotstift, rahme alle Personalformen rot ein und bestimme durch richtiges Ankreuzen die jeweilige Zeitform!

Aus der Welt des Sports

1. Die Handballerin zerrte ungeschickt am Trikot ihrer Gegenspielerin.

   O Präsens O Präteritum O Perfekt O Plusquamperfekt O Futur

2. Das Fußballteam hatte in den letzten zehn Minuten Angriffsgeist bewiesen.

   O Präsens O Präteritum O Perfekt O Plusquamperfekt O Futur

3. Letzte Woche hat Erich hier eine rekordverdächtige Leistung erbracht.

   O Präsens O Präteritum O Perfekt O Plusquamperfekt O Futur

4. Verlieren die Basketballer ihr letztes Heimspiel vor eigenem Publikum?

   O Präsens O Präteritum O Perfekt O Plusquamperfekt O Futur

5. Die Zwillinge werden ab heute täglich im Park eine halbe Stunde joggen.

   O Präsens O Präteritum O Perfekt O Plusquamperfekt O Futur

6. Der spanische Spieler hatte den Pfiff des Schiedsrichters einfach überhört.

   O Präsens O Präteritum O Perfekt O Plusquamperfekt O Futur

7. Die Leichtathletin musste knapp vor der Ziellinie enttäuscht aufgeben.

   O Präsens O Präteritum O Perfekt O Plusquamperfekt O Futur

8. Darf Svetlana wirklich dreimal wöchentlich im Fitnessstudio trainieren?

   O Präsens O Präteritum O Perfekt O Plusquamperfekt O Futur

9. Kein Trainer der Welt wird diese Mannschaft kurzfristig ersetzen können.

   O Präsens O Präteritum O Perfekt O Plusquamperfekt O Futur

10. Den Startschuss hat die amerikanische Staffelläuferin fast verschlafen.

   O Präsens O Präteritum O Perfekt O Plusquamperfekt O Futur

11. Schenkt man den Verlierern dieses Wettkampfs überhaupt Aufmerksamkeit?

   O Präsens O Präteritum O Perfekt O Plusquamperfekt O Futur

12. Im Judo-Finale war erst in den letzten Sekunden die Entscheidung gefallen.

   O Präsens O Präteritum O Perfekt O Plusquamperfekt O Futur

13. Verena wollte schon immer eine erfolgreiche Tennisspielerin sein.

   O Präsens O Präteritum O Perfekt O Plusquamperfekt O Futur

14. Ich habe die jubelnden Zuschauer mit gemischten Gefühlen beobachtet.

   O Präsens O Präteritum O Perfekt O Plusquamperfekt O Futur

15. Unsere Volleyballer sollten eigentlich den drohenden Abstieg verhindern.

   O Präsens O Präteritum O Perfekt O Plusquamperfekt O Futur

Fehleranzahl: ....

Welche ***Modalverben*** *verstecken sich in den 15 Sätzen? Notiere sie hier in der Reihenfolge ihres Vorkommens!*

....

Zeit für Zeitformen

Lösung: Zeitformen-Check

Unterstreiche alle Prädikatsteile mit einem Rotstift, rahme alle Personalformen rot ein und bestimme durch richtiges Ankreuzen die jeweilige Zeitform!

Aus der Welt des Sports

1. Die Handballerin zerrte ungeschickt am Trikot ihrer Gegenspielerin.

   O Präsens **X** Präteritum O Perfekt O Plusquamperfekt O Futur

2. Das Fußballteam hatte in den letzten zehn Minuten Angriffsgeist bewiesen.

   O Präsens O Präteritum O Perfekt **X** Plusquamperfekt O Futur

3. Letzte Woche hat Erich hier eine rekordverdächtige Leistung erbracht.

   O Präsens O Präteritum **X** Perfekt O Plusquamperfekt O Futur

4. Verlieren die Basketballer ihr letztes Heimspiel vor eigenem Publikum?

   X Präsens O Präteritum O Perfekt O Plusquamperfekt O Futur

5. Die Zwillinge werden ab heute täglich im Park eine halbe Stunde joggen.

   O Präsens O Präteritum O Perfekt O Plusquamperfekt **X** Futur

6. Der spanische Spieler hatte den Pfiff des Schiedsrichters einfach überhört.

   O Präsens O Präteritum O Perfekt **X** Plusquamperfekt O Futur

7. Die Leichtathletin musste knapp vor der Ziellinie enttäuscht aufgeben.

   O Präsens **X** Präteritum O Perfekt O Plusquamperfekt O Futur

8. Darf Svetlana wirklich dreimal wöchentlich im Fitnessstudio trainieren?

   X Präsens O Präteritum O Perfekt O Plusquamperfekt O Futur

Lösung: Zeitformen-Check

9. Kein Trainer der Welt wird diese Mannschaft kurzfristig ersetzen können.

O Präsens O Präteritum O Perfekt O Plusquamperfekt **X** Futur

10. Den Startschuss hat die amerikanische Staffelläuferin fast verschlafen.

O Präsens O Präteritum **X** Perfekt O Plusquamperfekt O Futur

11. Schenkt man den Verlierern dieses Wettkampfs überhaupt Aufmerksamkeit?

X Präsens O Präteritum O Perfekt O Plusquamperfekt O Futur

12. Im Judo-Finale war erst in den letzten Sekunden die Entscheidung gefallen.

O Präsens O Präteritum O Perfekt **X** Plusquamperfekt O Futur

13. Verena wollte schon immer eine erfolgreiche Tennisspielerin sein.

O Präsens **X** Präteritum O Perfekt O Plusquamperfekt O Futur

14. Ich habe die jubelnden Zuschauer mit gemischten Gefühlen beobachtet.

O Präsens O Präteritum **X** Perfekt O Plusquamperfekt O Futur

15. Unsere Volleyballer sollten eigentlich den drohenden Abstieg verhindern.

O Präsens **X** Präteritum O Perfekt O Plusquamperfekt O Futur

Fehleranzahl: ....

*Welche **Modalverben** verstecken sich in den 15 Sätzen? Notiere sie hier in der Reihenfolge ihres Vorkommens!*

musste, darf, können, wollte, sollten

Unterstreiche jeweils den Satz, welcher inhaltlich ein vorzeitiges Geschehen ausdrückt und setze diesen in das ***Perfekt****! Verbinde daraufhin beide Sätze zu einem Gesamtsatz und schreibe diesen in die Lösungszeilen!*
Beginne mit „Nachdem“ ....!

Musterbeispiel:
Der Tennisspieler täuscht seinen Gegner mit einer Finte.
Er gewinnt den entscheidenden Punkt.

Nachdem der Tennisspieler seinen Gegner mit einer Finte getäuscht hat, gewinnt er den entscheidenden Punkt.

1. Die Radfahrerin reißt jubelnd ihre linke Hand in die Höhe.
Sie überquert die Ziellinie als Siegerin.

Nachdem ....

....

....

2. Der Reiter überspringt mit seinem Pferd die Mauer.
Das Publikum klatscht begeistert Beifall.

Nachdem ....

....

....

3. Der Mittelstürmer erzielt kurz vor Spielende das Siegestor.
Er wird von seinen Teamkollegen gefeiert.

Nachdem ....

....

....

Lösung: Vorzeitigkeit I

Unterstreiche jeweils den Satz, welcher inhaltlich ein vorzeitiges Geschehen ausdrückt und setze diesen in das ***Perfekt****! Verbinde daraufhin beide Sätze zu einem Gesamtsatz und schreibe diesen in die Lösungszeilen!*
Beginne mit „Nachdem“ ...!

Musterbeispiel:
Der Tennisspieler täuscht seinen Gegner mit einer Finte.
Er gewinnt den entscheidenden Punkt.

Nachdem der Tennisspieler seinen Gegner mit einer Finte getäuscht hat, gewinnt er den entscheidenden Punkt.

1. Die Radfahrerin reißt jubelnd ihre linke Hand in die Höhe.
   Sie überquert die Ziellinie als Siegerin.

   Nachdem sie die Ziellinie als Siegerin überquert hat, reißt die Radfahrerin jubelnd ihre linke Hand in die Höhe.

2. Der Reiter überspringt mit seinem Pferd die Mauer.
   Das Publikum klatscht begeistert Beifall.

   Nachdem der Reiter mit seinem Pferd die Mauer übersprungen hat, klatscht das Publikum begeistert Beifall.

3. Der Mittelstürmer erzielt kurz vor Spielende das Siegestor.
   Er wird von seinen Teamkollegen gefeiert.

   Nachdem der Mittelstürmer kurz vor Spielende das Siegestor erzielt hat, wird er von seinen Teamkollegen gefeiert.

Zeit für Zeitformen

Vorzeitigkeit II

Welche Satzteile stehen in der Vorzeitigkeit? Unterstreiche sie!

1. Die Leute krümmten sich vor Lachen, nachdem der Scherzbold einen albernen Witz erzählt hatte.

2. Als unsere Kollegin den unfreundlichen Abteilungsleiter aufs Glatteis geführt hatte, herrschte endlich Ruhe.

3. Noch ehe der Moderator die unangenehme Situation in Gelächter auflösen konnte, hatten zwei Prominente das Studio bereits verlassen.

4. Bevor die Partygäste ihre Getränke serviert bekamen, war für kurze Zeit das Licht ausgefallen.

5. Nachdem die Musiker auf die Bühne gesprungen waren, füllte sich sofort die Tanzfläche.

In welcher Zeitform stehen die unterstrichenen Satzteile? ....

Formuliere nun auf ähnliche Art und Weise selbst 4 Sätze und schreibe sie auf. Achte dabei auf die Vorzeitigkeit und die korrekte Verwendung der Zeitformen!

....

....

....

....

....

Lösung: Vorzeitigkeit II

Welche Satzteile stehen in der Vorzeitigkeit? Unterstreiche sie!

1. Die Leute krümmten sich vor Lachen, nachdem der Scherzbold einen albernen Witz erzählt hatte.

2. Als unsere Kollegin den unfreundlichen Abteilungsleiter aufs Glatteis geführt hatte, herrschte endlich Ruhe.

3. Noch ehe der Moderator die unangenehme Situation in Gelächter auflösen konnte, hatten zwei Prominente das Studio bereits verlassen.

4. Bevor die Partygäste ihre Getränke serviert bekamen, war für kurze Zeit das Licht ausgefallen.

5. Nachdem die Musiker auf die Bühne gesprungen waren, füllte sich sofort die Tanzfläche.

In welcher Zeitform stehen die unterstrichenen Satzteile? **Im Plusquamperfekt**

Formuliere nun auf ähnliche Art und Weise selbst 4 Sätze und schreibe sie auf. Achte dabei auf die Vorzeitigkeit und die korrekte Verwendung der Zeitformen!

Bevor die Geburtstagsparty begann, war ein heftiges Gewitter niedergegangen.

Die Gäste unterhielten sich prächtig, nachdem die Band zu spielen begonnen hatte.

Nachdem der Gastgeber erschienen war, gab es Beifallskundgebungen.

Bevor ein riesiges Feuerwerk das Fest beendete, hatten noch alle das Lied „Happy birthday“ gesungen.

(mögliche Lösungen)

Zeit für Zeitformen

Und das ist meine Meinung

Das hat mir besonders gut gefallen: ☺

- O Die Arbeitsanweisungen waren genau und verständlich formuliert.
- O Super, ich durfte mir meine Lernzeit und das Arbeitstempo selbst einteilen.
- O Beim Lösen der einzelnen Arbeitsaufgaben hatte ich keinerlei Probleme.
- O Mich motivierte die Art der Aufgabenstellungen ungemein.
- O ………………………………………………………………………… .

Das habe ich eigentlich so erwartet: 😐

- O Ich musste einige Male Lehrerhilfe in Anspruch nehmen.
- O Manche Aufgabenstellungen fand ich leicht, manche wieder schwieriger.
- O Die Einteilung meines persönlichen Arbeitstempos klappte nur teilweise.
- O Das Ergebnis meiner Arbeit hing von der jeweiligen Tagesverfassung ab.
- O …………………………………………………………………………

Das hat mir überhaupt nicht gefallen: ☹

- O Ich hatte große Schwierigkeiten, mit der Arbeit rechtzeitig fertig zu werden.
- O Ich verstand den Inhalt einiger Arbeitsanweisungen nicht.
- O Die meisten Aufgabenstellungen überforderten mich.
- O Ich musste ständig meinen Lehrer/meine Lehrerin um Auskunft bitten.
- O ………………………………………………………………………….. .

Unterschrift des Schülers/der Schülerin: ……………………………………………

Gesucht: Rechtschreib-Profis

Lernzielkatalog

Die Schüler/innen sollen

1. Nomen, Verben und Adjektive mit den Mitlauten „k“ und „z“ fehlerfrei aufschreiben;
2. Wortbeispiele und Stammformen mit „ss“, „ß“ und „s“ nach der Betonungsregel korrekt in Erklärungstabellen eintragen;
3. die Gegensatzpaare „seit – seid“, „fiel – viel“, „wieder – wider“ sowie „das – dass“ regelkonform verwenden;
4. die Großschreibung nominal gebrauchter Infinitive und Adjektive erkennen und im Gesamttext „Freizeitvergnügen Wandern“ anwenden.

Gesucht: Rechtschreib-Profis

Mitlaute k und z

Ordne die Wörter aus der Wörterbox I der Tabelle richtig zu! Rahme danach die vorgegebenen Buchstabenkombinationen mit grünem Buntstift ein!

Wörterbox I:

Bank – Mokka – bewirken – wirklich – wolkig – Decke – dick – Sakko – Werk – trinken – Akkord – packen – verwelken – lenken – Balken

-lk	-nk	-rk	-ck	-kk

Ordne jetzt die Wörter aus der Wörterbox II der unteren Tabelle richtig zu!
Rahme hierauf die vorgegebenen Buchstabenkombinationen mit grünem Buntstift ein!

Wörterbox II:

Skizze – würzig – stürzen – wälzen – tanzen – Razzia – stolz – Katzen – Arzt – Münze – Holz – winzig – Pizza – nützlich – Hitze

-lz	-nz	-rz	-tz	-zz

*Schreibe nun **je fünf Nomen, Verben und Adjektive** aus beiden Wörterboxen geordnet und fehlerfrei in die beiden Leerzeilen!*

....

....

Gesucht: Rechtschreib-Profis

Lösung: Mitlaute k und z

Ordne die Wörter aus der Wörterbox I der Tabelle richtig zu! Rahme danach die vorgegebenen Buchstabenkombinationen mit grünem Buntstift ein!

Wörterbox I:

Bank – Mokka – bewirken – wirklich – wolkig – Decke – dick – Sakko – Werk – trinken – Akkord – packen – verwelken – lenken – Balken

-lk	-nk	-rk	-ck	-kk
wolkig	**Bank**	**bewirken**	**Decke**	**Mokka**
verwelken	**trinken**	**wirklich**	**dick**	**Sakko**
Balken	**lenken**	**Werk**	**packen**	**Akkord**

Ordne jetzt die Wörter aus der Wörterbox II der unteren Tabelle richtig zu! Rahme hierauf die vorgegebenen Buchstabenkombinationen mit grünem Buntstift ein!

Wörterbox II:

Skizze – würzig – stürzen – wälzen – tanzen – Razzia – stolz – Katzen – Arzt – Münze – Holz – winzig – Pizza – nützlich – Hitze

-lz	-nz	-rz	-tz	-zz
wälzen	**tanzen**	**würzig**	**Katzen**	**Skizze**
stolz	**Münze**	**stürzen**	**nützlich**	**Razzia**
Holz	**winzig**	**Arzt**	**Hitze**	**Pizza**

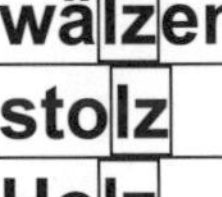

*Schreibe nun **je fünf Nomen, Verben und Adjektive** aus beiden Wörterboxen geordnet und fehlerfrei in die beiden Leerzeilen!*

Werk, Decke, Holz, Arzt, Pizza; trinken, stürzen, wälzen, packen, lenken;

dick, winzig, nützlich, wolkig, stolz; (mögliche Lösungen)

Gesucht: Rechtschreib-Profis

Mitlaute k und z

MERKREGEL:

Nach **l**, **n**, **r** – das merk' dir ja – steht stets ein **z** und stets ein **k**!

*Wende dein soeben erworbenes Wissen gleich einmal an und ergänze fehlerfrei **k, ck, z oder tz**!*

Erste Hilfe

Der Gemeindear….t Dr. Uwe Köhler verließ nachden….lich und etwas bedrü….t das Ban….gebäude. Kur…. zuvor hatte der Medi….iner einer betagten Rentnerin är….tliche Hilfe geleistet, weil diese plö….lich im Kassenraum zusammengebrochen und unglü….lich gestür….t war. Zunächst hatte der Helfer keine schwereren Verle….ungen bemer….t, doch die alte Dame hatte über heftige Schmer….en im lin….en Hüftgelen…. geklagt. Zule….t war schließlich ein Rettungswagen vor Ort bestellt worden, welcher die Verle….te ins nächste Kran….enhaus gebracht hatte.

Wegen der „Vorzeitigkeit" steht dieser Text ab dem 2. Satz in einer ganz bestimmten Zeitform. In welcher? Kreuze die richtige Lösung an!

O Präteritum O Perfekt O Plusquamperfekt

MERKREGEL:

Nach **l, n, r** – das merk' dir ja –
steht stets ein **z** und stets ein **k**!

Wende dein soeben erworbenes Wissen gleich einmal an und ergänze fehlerfrei ***k, ck, z oder tz****!*

Erste Hilfe

Der Gemeindear**z**t Dr. Uwe Köhler verließ nachden**k**lich und etwas bedrü**ck**t das Ban**k**gebäude. Kur**z** zuvor hatte der Medi**z**iner einer betagten Rentnerin är**z**tliche Hilfe geleistet, weil diese plö**tz**lich im Kassenraum zusammengebrochen und unglü**ck**lich gestür**z**t war. Zunächst hatte der Helfer keine schwereren Verle**tz**ungen bemer**k**t, doch die alte Dame hatte über heftige Schmer**z**en im lin**k**en Hüftgelen**k** geklagt. Zule**tz**t war schließlich ein Rettungswagen vor Ort bestellt worden, welcher die Verle**tz**te ins nächste Kran**k**enhaus gebracht hatte.

Wegen der „Vorzeitigkeit" steht dieser Text ab dem 2. Satz in einer ganz bestimmten Zeitform. In welcher? Kreuze die richtige Lösung an!

O Präteritum O Perfekt **X** Plusquamperfekt

Ordne die Wörter aus der Wörterbox III in der darunter befindlichen Tabelle den vorgegebenen Regeln zu!

Wörterbox III:

Besen, heiß, gießen, Fass, lässig, flüssig, büßen, Maß, bisschen, besser, grüßen, Rasen, häuslich, fesseln, Straße, weiß, Größe, niesen, hässlich, stoßen, draußen, heiser, übermäßig, einflößen, Nüsse, Gasse, Fuß, Gewässer, außen, reißen;

ß **steht nach langem Selbstlaut**	***ß*** **steht nach langem Umlaut**	***ß*** **steht nach einem Zwielaut**
ss **steht nach kurzem Selbstlaut**	***ss*** **steht nach kurzem Umlaut**	**Wortbeispiele mit** ***s***

Gesucht: Rechtschreib-Profis

Lösung: s – ss – ß ?

Ordne die Wörter aus der Wörterbox III in der darunter befindlichen Tabelle den vorgegebenen Regeln zu!

Wörterbox III:

Besen, heiß, gießen, Fass, lässig, flüssig, büßen, Maß, bisschen, besser, grüßen, Rasen, häuslich, fesseln, Straße, weiß, Größe, niesen, hässlich, stoßen, draußen, heiser, übermäßig, einflößen, Nüsse, Gasse, Fuß, Gewässer, außen, reißen;

ß **steht nach langem Selbstlaut**	***ß*** **steht nach langem Umlaut**	***ß*** **steht nach einem Zwielaut**
gießen	büßen	heiß
Maß	grüßen	weiß
Straße	Größe	reißen
stoßen	übermäßig	draußen
Fuß	einflößen	außen
ss **steht nach kurzem Selbstlaut**	***ss*** **steht nach kurzem Umlaut**	**Wortbeispiele mit** ***s***
Fass	lässig	Besen
bisschen	flüssig	Rasen
besser	hässlich	häuslich
fesseln	Nüsse	niesen
Gasse	Gewässer	heiser

Gesucht: Rechtschreib-Profis

s – ss – ß ?

Wende dein soeben erworbenes Wissen zur S-Schreibung sofort praktisch an und vervollständige folgende Stammformen-Übersicht!

1. Stammform ***Infinitiv***	**2. Stammform** ***Präteritum***	**3. Stammform** ***Partizip II***
wissen		
	hasste	
		gegrüßt
		gegessen
schließen		
passen		
	biss	
	ließ	
	raste	
		geküsst
		genossen
fließen		
stoßen		
		gerissen
	goss	
		geblasen

Gesucht: Rechtschreib-Profis

Lösung: s – ss – ß ?

Wende dein soeben erworbenes Wissen zur S-Schreibung sofort praktisch an und vervollständige folgende Stammformen-Übersicht!

1. Stammform *Infinitiv*	**2. Stammform** *Präteritum*	**3. Stammform** *Partizip II*
wissen	**wusste**	**gewusst**
hassen	hasste	**gehasst**
grüßen	**grüßte**	gegrüßt
essen	**aß**	gegessen
schließen	**schloss**	**geschlossen**
passen	**passte**	**gepasst**
beißen	biss	**gebissen**
lassen	ließ	**gelassen**
rasen	raste	**gerast**
küssen	**küsste**	geküsst
genießen	**genoss**	genossen
fließen	**floss**	**geflossen**
stoßen	**stieß**	**gestoßen**
reißen	**riss**	gerissen
gießen	goss	**gegossen**
blasen	**blies**	geblasen

Gesucht: Rechtschreib-Profis

das – dass ?

Die korrekte Verwendung der Wörter „DAS“ und „DASS“ beim Schreiben von Texten ist von größter Bedeutung. Folgende 4 Regeln sollen dir helfen, deine Rechtschreibentscheidung nicht dem Zufall zu überlassen:

1. „DAS“ als bestimmter Artikel vor einem Nomen
Ersatzwort: **DIESES**

Beispiel:
Wir alle haben **DAS** Problem erkannt.
Wir alle haben **DIESES** Problem erkannt.

2. „DAS“ als Demonstrativpronomen (hinweisendes Fürwort)
Ersatzwörter: **DIES, ES**

Beispiel:
Dein Lehrer hat dir **DAS** sicherlich schon ein paar Mal erklärt.
Dein Lehrer hat dir **DIES** sicherlich schon ein paar Mal erklärt.
Dein Lehrer hat **ES** dir sicherlich schon ein paar Mal erklärt.

3. „DAS“ als Relativpronomen (bezügliches Fürwort)
Ersatzwort: **WELCHES**

Beispiel:
Verwendest du ein Beispiel, **DAS** du kennst?
Verwendest du ein Beispiel, **WELCHES** du kennst?

4. „DASS“ als Konjunktion (Bindewort)
kein Ersatzwort

Beispiel:
Ich bin mir sicher, **DASS** du diese Ratschläge befolgen wirst.

Gesucht: Rechtschreib-Profis

das – dass ?

Setze nun ***„das“*** *oder* ***„dass“*** *gemäß der gelernten Regeln in den Lückentext ein. Notiere außerdem in Klammer das entsprechende Ersatzwort! Das folgende* ***Musterbeispiel*** *dient der Veranschaulichung des Arbeitsauftrages:*

„Ich hoffe, **dass** (---) sich **das** (dieses) Jugendbuch von Peter Härtling, **das** (welches) dort auf dem Tisch liegt, noch in gutem Zustand befindet“, meinte der Lehrer mit strengem Blick.

1. Cigdem fragt: „Ist .... (..........) nicht .... (..........) Handy, ... (..........) Ralph in seinen Spind gesperrt hat?“

2. .... (..........) .... (..........) Reginas Vater wirklich erlebt hat, ... (..........) glaubt der Aufschneiderin in der Klasse ohnehin niemand.

3. Wir alle vermuten, ... (..........) sämtliche Informationen auch unserer Schulleiterin bekannt sind.

4. .... (..........) .... (...........) der Fall sein dürfte, ist wahrscheinlich.

5. .... (..........) Moped, ... (..........) vor dem Schulgebäude steht, ... (..........) gehört dem Hausmeister.

6. „Ist .... (..........) wahr, ... (..........) du schon bald in eine andere Schule übersiedeln wirst?“, will Toni von seiner Klassenkameradin wissen.

7. .... (..........) freundliche Lächeln des Klassleiters tut ihr gut.

Gesucht: Rechtschreib-Profis

Lösung: das – dass ?

*Setze nun **„das“** oder **„dass“** gemäß der gelernten Regeln in den Lückentext ein. Notiere außerdem in Klammer das entsprechende Ersatzwort! Das folgende **Musterbeispiel** dient der Veranschaulichung des Arbeitsauftrages:*

„Ich hoffe, **dass** (---) sich **das** (dieses) Jugendbuch von Peter Härtling, **das** (welches) dort auf dem Tisch liegt, noch in gutem Zustand befindet“, meinte der Lehrer mit strengem Blick.

1. Cigdem fragt: „Ist **das (es)** nicht **das (dieses)** Handy, **das (welches)** Ralph in seinen Spind gesperrt hat?“

2. **Dass** (---) **das (dies)** Reginas Vater wirklich erlebt hat, **das (dies)** glaubt der Aufschneiderin in der Klasse ohnehin niemand.

3. Wir alle vermuten, **dass** (---) sämtliche Informationen auch unserer Schulleiterin bekannt sind.

4. **Dass** (---) **das (dies)** der Fall sein dürfte, ist wahrscheinlich.

5. **Das (Dieses)** Moped, **das (welches)** vor dem Schulgebäude steht, **das (es)** gehört dem Hausmeister.

6. „Ist **das (es)** wahr, **dass** (---) du schon bald in eine andere Schule übersiedeln wirst?“, will Toni von seiner Klassenkameradin wissen.

7. **Das (Dieses)** freundliche Lächeln des Klassleiters tut ihr gut.

Unterscheide zunächst folgende Grundregeln:

SEID + ***ihr***	**SEIT** + ***Zeitangabe***

Vervollständige anschließend den vorliegenden Lückentext!

Erfolgreiche Sportler

„Ihr .... einem Jahr in der absoluten Weltspitze vertreten“, meinte der Sportreporter zu den heimischen Beachvolleyballern. „.......... ihr euch dessen bewusst oder .... ihr noch immer so bescheiden wie früher?“, wollte der neugierige Interviewer danach von den so erfolgreichen Sportlern wissen. „......... unserem Turniersieg in Hamburg hat sich natürlich einiges für uns verändert“, antwortete einer der beiden. Der andere ergänzte: „Wir verdienen .... diesem Zeitpunkt wesentlich mehr und haben außerdem einen Hauptsponsor gefunden.“

Unterstreiche zuletzt alle direkten Reden dieses Textes mit grüner Farbe!

Gesucht: Rechtschreib-Profis

Lösung: seid – seit ?

Unterscheide zunächst folgende Grundregeln:

SEID + ***ihr***

SEIT + ***Zeitangabe***

Vervollständige anschließend den vorliegenden Lückentext!

Erfolgreiche Sportler

„Ihr **seid** **seit** einem Jahr in der absoluten Weltspitze vertreten“, meinte der Sportreporter zu den heimischen Beachvolleyballern. „**Seid** ihr euch dessen bewusst oder **seid** ihr noch immer so bescheiden wie früher?“, wollte der neugierige Interviewer danach von den so erfolgreichen Sportlern wissen. „**Seit** unserem Turniersieg in Hamburg hat sich natürlich einiges für uns verändert“, antwortete einer der beiden. Der andere ergänzte: „Wir verdienen **seit** diesem Zeitpunkt wesentlich mehr und haben außerdem einen Hauptsponsor gefunden.“

Unterstreiche zuletzt alle direkten Reden dieses Textes mit grüner Farbe!

Gesucht: Rechtschreib-Profis

viel – fiel ?

Setze die nachfolgenden Wörter in den Text „Jugendbande“ ein:
viel, fielen, vielerorts, überfielen, vielleicht, fielen, viele, vielfältige;

Jugendbande

.... sie bereits unangenehm auf. Die Rede ist von einer mehrköpfigen Jugendbande, welche unsere Gegend seit einem halben Jahr unsicher macht. .... Straftaten konnten den kriminellen Jugendlichen bereits zugeordnet werden. Sie gingen dabei auf .... Art und Weise äußerst geschickt vor. Erst vorige Woche .... sie einen Fünfzehnjährigen und erbeuteten neben Bargeld auch ein teures Handy. Unerwartet .... einige der Bandenmitglieder allerdings gestern der Polizei in die Hände. .... werden sie bei den Verhören die Namen ihrer „Freunde“ verraten, ... Hoffnung besteht jedoch nicht!

Warum begehen bereits Teenager Straftaten? Wie sollte man deiner Meinung nach gegen Jugendbanden vorgehen? Notiere hier deine Gedanken dazu!

....

....

....

Lösung: viel – fiel ?

Setze die nachfolgenden Wörter in den Text „Jugendbande ein“:
viel, fielen, vielerorts, überfielen, vielleicht, fielen, viele, vielfältige;

Jugendbande

Vielerorts fielen sie bereits unangenehm auf. Die Rede ist von einer mehrköpfigen Jugendbande, welche unsere Gegend seit einem halben Jahr unsicher macht. **Viele** Straftaten konnten den kriminellen Jugendlichen bereits zugeordnet werden. Sie gingen dabei auf **vielfältige** Art und Weise äußerst geschickt vor. Erst vorige Woche **überfielen** sie einen Fünfzehnjährigen und erbeuteten neben Bargeld auch ein teures Handy. Unerwartet **fielen** einige der Bandenmitglieder allerdings gestern der Polizei in die Hände. **Vielleicht** werden sie bei den Verhören die Namen ihrer „Freunde“ verraten, **viel** Hoffnung besteht jedoch nicht!

Warum begehen bereits Teenager Straftaten? Wie sollte man deiner Meinung nach gegen Jugendbanden vorgehen? Notiere hier deine Gedanken dazu!

....

....

....

Gesucht: Rechtschreib-Profis

wieder – wider ?

Ergänze mit grünem Buntstift den richtigen I-Laut bei allen 24 Wortbeispielen aus der Wörterbox! Verwende dazu nötigenfalls deinen Rechtschreibduden!

W…DERBELEBUNG, W…DERSPENSTIG, ERW… DERN, W…DERREDE, W…DERHOLUNG, W…DERWILLIG, W…DERAUFFÜHRUNG, W…DER-BEKOMMEN, UNW…DERRUFLICH, W…DERSETZEN, W…DERWAHL, W…DERFINDEN, W…DERVERWENDBAR, W…DERGUTMACHUNG, W…DERSTREBEN, UNW…DERSTEHLICH, W…DERLICH, W…DER-ERSTATTEN, W…DERSPIEGELN, W…DERSINNIG, W…DERSTAND, W…DERBENUTZBAR, W…DERVERWERTEN, W…DERSACHER;

Trage nun in Schreibschrift alle Wortbeispiele geordnet in die jeweilige Tabelle ein! Achte dabei im Besonderen auf die Groß- und Kleinschreibung!

NOMEN	VERBEN	ADJEKTIVE

Gesucht: Rechtschreib-Profis

Lösung: wieder – wider ?

Ergänze mit grünem Buntstift den richtigen I-Laut bei allen 24 Wortbeispielen aus der Wörterbox! Verwende dazu nötigenfalls deinen Rechtschreibduden!

W**IE**DERBELEBUNG, W**I**DERSPENSTIG, ERW**I**DERN, W**I**DERREDE, W**IE**DERHOLUNG, W**I**DERWILLIG, W**IE**DERAUFFÜHRUNG, W**IE**DERBEKOMMEN, UNW**I**DERRUFLICH, W**I**DERSETZEN, W**IE**DERWAHL, W**IE**DERFINDEN, W**IE**DERVERWENDBAR, W**IE**DERGUTMACHUNG, W**I**DERSTREBEN, UNW**I**DERSTEHLICH, W**I**DERLICH, W**IE**DERERSTATTEN, W**I**DERSPIEGELN, W**I**DERSINNIG, W**I**DERSTAND, W**IE**DERBENUTZBAR, W**IE**DERVERWERTEN, W**I**DERSACHER;

Trage nun in Schreibschrift alle Wortbeispiele geordnet in die jeweilige Tabelle ein! Achte dabei im Besonderen auf die Groß- und Kleinschreibung!

NOMEN	VERBEN	ADJEKTIVE
Wiederbelebung	erwidern	widerspenstig
Widerrede	wiederbekommen	widerwillig
Wiederholung	widersetzen	unwiderruflich
Wiederaufführung	wiederfinden	wiederverwendbar
Wiederwahl	widerstreben	unwiderstehlich
Wiedergutmachung	wiedererstatten	widerlich
Widerstand	widerspiegeln	widersinnig
Widersacher	wiederverwerten	wiederbenutzbar

Nach den Signalwörtern „beim, vom, zum, ins, ans, ums, fürs“ und den Artikeln „das“ und „ein“ werden die Infinitive von Verben mit großem Anfangsbuchstaben geschrieben.

UMS ÜBERLEBEN – **INS** SCHLEUDERN – **EIN** AUSWEICHEN – **BEIM** ÜBERHOLEN – **FÜRS** REGELN – **ZUM** WECHSELN – **ANS** MITNEHMEN – **VOM** BEACHTEN – **DAS** PARKEN

Vervollständige den folgenden Text in Schreibschrift und verwende dazu die Wortgruppen aus der Wörterbox! Achte dabei speziell auf die Großschreibung der Infinitive!

Autos im Verkehr

Der PKW geriet auf der regennassen Fahrbahn ....

Nach dem schrecklichen Unfall kämpfte der 23-Jährige ....

Die Fahrzeuglenkerin passte .... überhaupt nicht auf.

.... genauen .... der Vorfahrtsregeln hängt vieles ab.

.... des Berufsverkehrs werden hier Polizist/innen eingesetzt.

Jeder Autobesitzer benötigt .... der Reifen Spezialwerkzeug.

Verantwortungsbewusst dachte Eva .... des Verbandskastens.

Bei Staugefahr empfiehlt sich .... weiträumiges ....

.... ist an dieser Stelle jedenfalls nicht gestattet.

Gesucht: Rechtschreib-Profis

Lösung: Infinitive als Nomen

Nach den Signalwörtern „beim, vom, zum, ins, ans, ums, fürs“ und den Artikeln „das“ und „ein“ werden die Infinitive von Verben mit großem Anfangsbuchstaben geschrieben.

UMS ÜBERLEBEN – **INS** SCHLEUDERN – **EIN** AUSWEICHEN – **BEIM** ÜBERHOLEN – **FÜRS** REGELN – **ZUM** WECHSELN – **ANS** MITNEHMEN – **VOM** BEACHTEN – **DAS** PARKEN

Vervollständige den folgenden Text in Schreibschrift und verwende dazu die Wortgruppen aus der Wörterbox! Achte dabei speziell auf die Großschreibung der Infinitive!

Autos im Verkehr

Der PKW geriet auf der regennassen Fahrbahn **ins Schleudern**.

Nach dem schrecklichen Unfall kämpfte der 23-Jährige **ums Überleben**.

Die Fahrzeuglenkerin passte **beim Überholen** überhaupt nicht auf.

Vom genauen **Beachten** der Vorfahrtsregeln hängt vieles ab.

Fürs Regeln des Berufsverkehrs werden hier Polizist/innen eingesetzt.

Jeder Autobesitzer benötigt **zum Wechseln** der Reifen Spezialwerkzeug.

Verantwortungsbewusst dachte Eva **ans Mitnehmen** des Verbandskastens.

Bei Staugefahr empfiehlt sich **ein** weiträumiges **Ausweichen**.

Das Parken ist an dieser Stelle jedenfalls nicht gestattet.

Gesucht: Rechtschreib-Profis

Adjektive als Nomen

Nach den Signalwörtern „alles, allerlei, viel, etwas, manches, wenig, nichts“ und dem Artikel „das“ werden Adjektive – wenn sie die Endung **„e“** oder **„es“** aufweisen – mit großem Anfangsbuchstaben geschrieben.

WENIG ERFREULICHES – **NICHTS** NEUES – **ALLES** WEITERE –**VIEL** UNNÖTIGES – **MANCH** UNERWARTETES – **DAS** AKTUELLSTE – **ALLERLEI** BEMERKENSWERTES – **ETWAS** ÜBERRASCHENDES

Vervollständige den folgenden Text in Schreibschrift und verwende dazu die Wortgruppen aus der Wörterbox! Achte dabei speziell auf die Großschreibung der Adjektive!

Aus der Nachrichtenwelt

In der heutigen Tageszeitung fanden die Leser ....

Jeder aufmerksame Zuschauer erfuhr in dieser Dokumentation ....

....

Die Sportnachrichten brachten am späten Abend .... ,

denn die Mannschaft von Werder Bremen hat den 1. FC Köln besiegt.

Im Grunde genommen beinhaltete der heutige Wetterbericht ....

.... enthielt eine SMS, die Angelika gestern an

ihren Freund Herbert schickte.

„............................ und .... aus der Welt der Kultur

stellt Ihnen nun unsere Moderatorin vor“, hörte man in der groß angekündigten

LIVE-Sendung; ....war auch dabei.

Werner Routil: Wochenportfolios für den Deutschunterricht mit Lerneffekt · 6. Klasse · Best.-Nr. 754

Gesucht: Rechtschreib-Profis

Lösung: Adjektive als Nomen

Nach den Signalwörtern „alles, allerlei, viel, etwas, manches, wenig, nichts“ und dem Artikel „das“ werden Adjektive – wenn sie die Endung **„e“** oder **„es“** aufweisen – mit großem Anfangsbuchstaben geschrieben.

WENIG ERFREULICHES – **NICHTS** NEUES – **ALLES** WEITERE –**VIEL** UNNÖTIGES – **MANCH** UNERWARTETES – **DAS** AKTUELLSTE – **ALLERLEI** BEMERKENSWERTES – **ETWAS** ÜBERRASCHENDES

Vervollständige den folgenden Text in Schreibschrift und verwende dazu die Wortgruppen aus der Wörterbox! Achte dabei speziell auf die Großschreibung der Adjektive!

Aus der Nachrichtenwelt

In der heutigen Tageszeitung fanden die Leser **wenig Erfreuliches**.

Jeder aufmerksame Zuschauer erfuhr in dieser Dokumentation **allerlei Bemerkenswertes**.

Die Sportnachrichten brachten am späten Abend **etwas Überraschendes**, denn die Mannschaft von Werder Bremen hat den 1. FC Köln besiegt.

Im Grunde genommen beinhaltete der heutige Wetterbericht **nichts Neues**.

Viel Unnötiges enthielt eine SMS, die Angelika gestern an ihren Freund Herbert schickte.

„**Das Aktuellste** und **alles Weitere** aus der Welt der Kultur stellt Ihnen nun unsere Moderatorin vor“, hörte man in der groß angekündigten LIVE-Sendung; **manch Unerwartetes** war auch dabei. (mögliche Lösungen)

Gesucht: Rechtschreib-Profis

Groß- oder Kleinschreibung ?

Jetzt ist es an der Zeit, dein erworbenes Wissen zur Groß- und Kleinschreibung zu testen. Bearbeite bitte den unteren Text in dieser Reihenfolge:

- ☆ *Bestimme zunächst das jeweilige Satzende durch Einfügen des korrekten Satzzeichens!*
- ☆ *Rahme danach alle vorkommenden „Signalwörter“ ein!*
- ☆ *Unterstreiche abschließend alle Wörter mit grünem Buntstift, welche mit großem Anfangsbuchstaben zu schreiben sind!*

FREIZEITVERGNÜGEN „WANDERN“

DER HERBST IST DIE IDEALE ZEIT ZUM WANDERN FÜR DIESES FREIZEITVERGNÜGEN IST ALLERDINGS ALLERLEI NOTWENDIG DU BENÖTIGST BEISPIELSWEISE WETTERFESTE KLEIDUNG UND EINEN BEQUEMEN RUCKSACK ETWAS PASSENDES WIRST DU IN JEDEM SPORTGESCHÄFT FINDEN FÜRS BEGEHEN STEILER BERGHÄNGE SOLLTEST DU AUSSERDEM RICHTIGE WANDERSCHUHE TRAGEN, DENN SCHLECHT AUSGERÜSTETE BERGSTEIGER SIND BEIM HINABSTEIGEN SCHON ÖFTERS INS RUTSCHEN GEKOMMEN UND DAS KANN GEFÄHRLICH WERDEN DAMIT NICHTS AUSSERGEWÖHNLICHES PASSIERT, IST ÜBERHAUPT DAS VERLASSEN MARKIERTER WANDERWEGE BEIM DURCHQUEREN EINES DICHTEN WALDGEBIETES NICHT ZU EMPFEHLEN NUR SO IST EIN VERIRREN IN UNBEKANNTER UMGEBUNG AUSZUSCHLIESSEN SICHERHEITSHALBER SOLLTEST DU ANS MITNEHMEN EINES HANDYS DENKEN, UM IN NOTSITUATIONEN JEDERZEIT HILFE ANFORDERN ZU KÖNNEN ÜBRIGENS, NIMM ABSTAND VOM PFLÜCKEN GESCHÜTZTER PFLANZEN ABSCHLIESSEND WÜNSCHE ICH DIR ALLES GUTE BEIM WANDERN UND VIEL ERFREULICHES WÄHREND DEINER FREIZEITAKTIVITÄTEN

Übertrage nun den gesamten Text in Schreibschrift auf die beiden Arbeitsblätter! Doch Vorsicht, einige Male wird „ss“ zu „ß“!

Gesucht: Rechtschreib-Profis

Lösung: Groß- oder Kleinschreibung ?

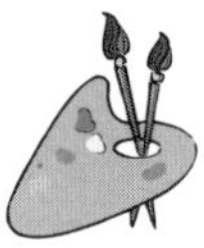

Jetzt ist es an der Zeit, dein erworbenes Wissen zur Groß- und Kleinschreibung zu testen. Bearbeite bitte den unteren Text in dieser Reihenfolge:

- ☆ *Bestimme zunächst das jeweilige Satzende durch Einfügen des korrekten Satzzeichens!*
- ☆ *Rahme danach alle vorkommenden „Signalwörter“ ein!*
- ☆ *Unterstreiche abschließend alle Wörter mit grünem Buntstift, welche mit großem Anfangsbuchstaben zu schreiben sind!*

FREIZEITVERGNÜGEN „WANDERN“

DER HERBST IST DIE IDEALE ZEIT ZUM WANDERN. FÜR DIESES FREIZEITVERGNÜGEN IST ALLERDINGS ALLERLEI NOTWENDIG. DU BENÖTIGST BEISPIELSWEISE WETTERFESTE KLEIDUNG UND EINEN BEQUEMEN RUCKSACK . ETWAS PASSENDES WIRST DU IN JEDEM SPORTGESCHÄFT FINDEN. FÜRS BEGEHEN STEILER BERGHÄNGE SOLLTEST DU AUSSERDEM RICHTIGE WANDERSCHUHE TRAGEN, DENN SCHLECHT AUSGERÜSTETE BERGSTEIGER SIND BEIM HINABSTEIGEN SCHON ÖFTERS INS RUTSCHEN GEKOMMEN, UND DAS KANN GEFÄHRLICH WERDEN. DAMIT NICHTS AUSSERGEWÖHNLICHES PASSIERT, IST ÜBERHAUPT DAS VERLASSEN MARKIERTER WANDERWEGE BEIM DURCHQUEREN EINES DICHTEN WALDGEBIETES NICHT ZU EMPFEHLEN. NUR SO IST EIN VERIRREN IN UNBEKANNTER UMGEBUNG AUSZUSCHLIESSEN. SICHERHEITSHALBER SOLLTEST DU ANS MITNEHMEN EINES HANDYS DENKEN, UM IN NOTSITUATIONEN JEDERZEIT HILFE ANFORDERN ZU KÖNNEN. ÜBRIGENS, NIMM ABSTAND VOM PFLÜCKEN GESCHÜTZTER PFLANZEN! ABSCHLIESSEND WÜNSCHE ICH DIR ALLES GUTE BEIM WANDERN UND VIEL ERFREULICHES WÄHREND DEINER FREIZEITAKTIVITÄTEN.

Übertrage nun den gesamten Text in Schreibschrift auf die beiden Arbeitsblätter! Doch Vorsicht, einige Male wird „ss“ zu „ß“!

FREIZEITVERGNÜGEN „WANDERN“

0 – 2 Fehler: ☺ **Du hast die Aufgabenstellung prima gelöst.**

3 – 5 Fehler: 😐 **Du hast insgesamt durchschnittlich gearbeitet.**

Ab 6 Fehler: ☹ **Du musst noch einige Fehlerquellen beheben.**

FREIZEITVERGNÜGEN „WANDERN"

Der Herbst ist die ideale Zeit zum Wandern. Für dieses Freizeitvergnügen ist allerdings allerlei notwendig. Du benötigst beispielsweise wetterfeste Kleidung und einen bequemen Rucksack. Etwas Passendes wirst du in jedem Sportgeschäft finden. Fürs Begehen steiler Berghänge solltest du außerdem richtige Wanderschuhe tragen, denn schlecht ausgerüstete Bergsteiger sind beim Hinabsteigen schon öfters ins Rutschen gekommen, und das dann gefährlich werden. Damit nichts Außergewöhnliches passiert, ist überhaupt das Verlassen markierter Wanderwege beim Durchqueren eines dichten Waldgebietes nicht zu empfehlen. Nur so ist ein Verirren in unbekannter Umgebung auszuschließen. Sicherheitshalber solltest du ans Mitnehmen eines Handys denken, um in Notsituationen jederzeit Hilfe anfordern zu können. Übrigens, nimm Abstand vom Pflücken geschützter Pflanzen!

Abschließend wünsche ich dir alles Gute beim Wandern und viel Erfreuliches während deiner Freizeitaktivitäten.

Gesucht: Rechtschreib-Profis

Und das ist meine Meinung

Das hat mir besonders gut gefallen: ☺

- O Die Arbeitsanweisungen waren genau und verständlich formuliert.
- O Super, ich durfte mir meine Lernzeit und das Arbeitstempo selbst einteilen.
- O Beim Lösen der einzelnen Arbeitsaufgaben hatte ich keinerlei Probleme.
- O Mich motivierte die Art der Aufgabenstellungen ungemein.
- O ....

Das habe ich eigentlich so erwartet: 😐

- O Ich musste einige Male Lehrerhilfe in Anspruch nehmen.
- O Manche Aufgabenstellungen fand ich leicht, manche wieder schwieriger.
- O Die Einteilung meines persönlichen Arbeitstempos klappte nur teilweise.
- O Das Ergebnis meiner Arbeit hing von der jeweiligen Tagesverfassung ab.
- O ....

Das hat mir überhaupt nicht gefallen: ☹

- O Ich hatte große Schwierigkeiten, mit der Arbeit rechtzeitig fertig zu werden.
- O Ich verstand den Inhalt einiger Arbeitsanweisungen nicht.
- O Die meisten Aufgabenstellungen überforderten mich.
- O Ich musste ständig meinen Lehrer/meine Lehrerin um Auskunft bitten.
- O ....

Unterschrift des Schülers/der Schülerin: ....

Puzzlesteine für den Bericht

Lernzielkatalog

Die Schüler/innen sollen

1. die inhaltlichen Bestandteile eines Zeitungsberichtes, nämlich Headline, Summary, Hauptteil und Zeugenaussage erkennen und benennen;

2. mittels modular aufgebauter Textbausteine je einen *Verkehrsbericht* („Stau auf der Autobahn"), einen *Kulturbericht* („CD-Präsentation: Ed Spider") und einen *Sportbericht* („Österreich verliert 1:3") für eine imaginäre Tageszeitung verfassen;

3. beim Schreiben eines Zeitungsberichtes die jeweils zutreffende Zeitform verwenden;

4. nach mustergültiger Vorlage zu den einzelnen Zeitungsberichten das korrekte Layout (Fettdruck, Absatzbildung) gestalten.

Puzzlesteine für den Bericht

Reporter Schnüffel ermittelt

Reporter Robert Schnüffel erhielt heute von seinem Chefredakteur den Auftrag, über insgesamt drei Ereignisse Nachforschungen anzustellen und anschließend einen **Verkehrsbericht**, einen **Kulturbericht** und einen **Sportbericht** für die Zeitung zu verfassen.

(Bild aus der Zeitschrift „Der Bunte Hund“, Nr. 30, 1991)

Was ist denn da passiert? Schnüffels erste Notizen sind ja völlig durcheinandergeraten! Du kannst ihm helfen, wieder Ordnung in seine Berichterstattung zu bringen …!

Puzzlesteine für den Bericht

Reporter Schnüffel ermittelt

*Welche Notizen gehören zum **Verkehrsbericht (VB)**, zum **Kulturbericht (KB)** oder zum **Sportbericht (SB)**? Ordne bzw. ergänze jeweils am Zeilenbeginn mit VB, SB oder KB! Die **Überschriften (Headlines)** sind bereits vorgegeben.*

KB: **CD-PRÄSENTATION: ED SPIDER**

.... : am gestrigen Abend

.... : morgen Nachmittag um 14 Uhr

.... : Massenkarambolage auf der A9 nahe Autobahndreieck Holledau

VB: **STAU AUF DER A9**

SB: **ÖSTERREICH VERLIERT 1:3**

....: im Festsaal des Hotels „Atlantik" in Hamburg

.... : Vorstellung der neuen CD „Dynamite"

.... : Fußball-EM-Qualifikationsspiel zwischen Österreich und Deutschland

.... : gestern in den Morgenstunden

.... : insgesamt fünf Personenfahrzeuge daran beteiligt

.... : die Mitglieder der englischen Rockband „Ed Spider"

.... : kilometerlanger Stau in Richtung München

.... : im ausverkauften Wiener Ernst-Happel-Stadion

.... : im Rahmen einer Pressekonferenz vor internationalen Musikjournalisten

.... : Niederlage des österreichischen Nationalteams

Puzzlesteine für den Bericht

Lösung: Reporter Schnüffel ermittelt

*Welche Notizen gehören zum **Verkehrsbericht (VB)**, zum **Kulturbericht (KB)** oder zum **Sportbericht (SB)**? Ordne bzw. ergänze jeweils am Zeilenbeginn mit VB, SB oder KB! Die **Überschriften (Headlines)** sind bereits vorgegeben.*

KB: CD-PRÄSENTATION: ED SPIDER

SB : am gestrigen Abend

KB : morgen Nachmittag um 14 Uhr

VB : Massenkarambolage auf der A9 nahe Autobahndreieck Holledau

VB: STAU AUF DER A9

SB: ÖSTERREICH VERLIERT 1:3

KB: im Festsaal des Hotels „Atlantik" in Hamburg

KB : Vorstellung der neuen CD „Dynamite"

SB : Fußball-EM-Qualifikationsspiel zwischen Österreich und Deutschland

VB : gestern in den Morgenstunden

VB : insgesamt fünf Personenfahrzeuge daran beteiligt

KB : die Mitglieder der englischen Rockband „Ed Spider"

VB: kilometerlanger Stau in Richtung München

SB : im ausverkauften Wiener Ernst-Happel-Stadion

KB : im Rahmen einer Pressekonferenz vor internationalen Musikjournalisten

SB : Niederlage des österreichischen Nationalteams

Puzzlesteine für den Bericht

Baustein I: Summary

Dank deiner Hilfe konnte Robert Schnüffel bereits die ersten Textzeilen des **Verkehrsberichtes** zu Papier bringen. Zuerst beantwortete er folgende wichtige Fragen:

STAU AUF DER A9

Was passierte **wo**? ....

....

Wann ereignete sich das Geschehen? ....

Wer war daran beteiligt? ....

Welche Folgen hatte dies? ....

Mit Hilfe der obigen Notizen schrieb er danach einen mustergültigen **Einleitungstext** für seinen Gesamtbericht. Dieser Einleitungstext steht im Normalfall im Präteritum, beinhaltet die wesentlichsten Informationen für den Leser und wird auch **„Summary"** genannt.

STAU AUF DER A9

In den Morgenstunden ereignete sich gestern nahe dem Autobahndreieck Holledau eine Massenkarambolage. Insgesamt waren fünf Personenfahrzeuge daran beteiligt. Die Folge war ein kilometerlanger Stau auf der A9 in Richtung München.

Lösung: Baustein I: Summary

Dank deiner Hilfe konnte Robert Schnüffel bereits die ersten Textzeilen des **Verkehrsberichtes** zu Papier bringen. Zuerst beantwortete er folgende wichtige Fragen:

STAU AUF DER A9

Was passierte **wo**? **Massenkarambolage auf der A9 nahe Autobahndreieck Holledau**

Wann ereignete sich das Geschehen? **Gestern in den Morgenstunden**

Wer war daran beteiligt? **Insgesamt fünf Personenfahrzeuge**

Welche Folgen hatte dies? **Kilometerlanger Stau in Richtung München**

Mit Hilfe der obigen Notizen schrieb er danach einen mustergültigen **Einleitungstext** für seinen Gesamtbericht. Dieser Einleitungstext steht im Normalfall im Präteritum, beinhaltet die wesentlichsten Informationen für den Leser und wird auch **„Summary“** genannt.

STAU AUF DER A9

In den Morgenstunden ereignete sich gestern nahe dem Autobahndreieck Holledau eine Massenkarambolage. Insgesamt waren fünf Personenfahrzeuge daran beteiligt. Die Folge war ein kilometerlanger Stau auf der A9 in Richtung München.

Puzzlesteine für den Bericht

Baustein I: Summary

*Schlüpfe jetzt in Reporter Schnüffels Rolle und beantworte alle Fragen zum **Kulturbericht**. Verwende hierfür die stichwortartigen Daten vom AB „Reporter Schnüffel ermittelt“!*

CD-PRÄSENTATION: ED SPIDER

Was wird vorgestellt werden? ……………………………………………

Wer wird das tun? ……………………………………………………..

Wo und **wann** wird das passieren? ……………………………………

…………………………………………………………………………

Wie wird das abgewickelt werden? ……………………………………

…………………………………………………………………………

Verfasse danach für den Reporter den Summary-Text, diesmal im Futur!

CD-PRÄSENTATION: ED SPIDER

…………………………………………………………………………

…………………………………………………………………………

…………………………………………………………………………

…………………………………………………………………………

…………………………………………………………………………

Puzzlesteine für den Bericht

Lösung: Baustein I: Summary

*Schlüpfe jetzt in Reporter Schnüffels Rolle und beantworte alle Fragen zum **Kulturbericht**. Verwende hierfür die stichwortartigen Daten vom AB „Reporter Schnüffel ermittelt“!*

CD-PRÄSENTATION: ED SPIDER

Was wird vorgestellt werden? **Die neue CD „Dynamite“**

Wer wird das tun? **Die Mitglieder der englischen Rockband „Ed Spider“**

Wo und **wann** wird das passieren? **Im Festsaal des Hotels „Atlantik“ in Hamburg, morgen Nachmittag um 14 Uhr**

Wie wird das abgewickelt werden? **Im Rahmen einer Pressekonferenz vor internationalen Musikjournalisten**

Verfasse danach für den Reporter den Summary-Text, diesmal im Futur!

CD-PRÄSENTATION: ED SPIDER

Im Rahmen einer Pressekonferenz vor internationalen Musikjournalisten werden die Mitglieder der englischen Rockband „Ed Spider“ morgen Nachmittag um 14 Uhr in Hamburg ihre neue CD „Dynamite“ präsentieren. Die Veranstaltung wird im Festsaal des Hotels „Atlantik“ stattfinden.

Puzzlesteine für den Bericht

Baustein I: Summary

*Schlüpfe jetzt in Reporter Schnüffels Rolle und beantworte alle Fragen zum **Sportbericht**. Verwende hierfür die stichwortartigen Daten vom AB „Reporter Schnüffel ermittelt“!*

ÖSTERREICH VERLIERT 1:3

Was fand **wo** statt? ....

....

Wann spielten die Teams gegeneinander? ....

Wie endete das Match? ....

Verfasse danach für den Reporter den Summary-Text!

ÖSTERREICH VERLIERT 1:3

....

....

....

....

....

....

Puzzlesteine für den Bericht

Lösung: Baustein I: Summary

*Schlüpfe jetzt in Reporter Schnüffels Rolle und beantworte alle Fragen zum **Sportbericht**. Verwende hierfür die stichwortartigen Daten vom AB „Reporter Schnüffel ermittelt"!*

ÖSTERREICH VERLIERT 1:3

Was fand **wo** statt? **Fußball-EM-Qualifikationsspiel zwischen Österreich und Deutschland im ausverkauften Wiener Ernst-Happel-Stadion**

Wann spielten die Teams gegeneinander? **Am gestrigen Abend**

Wie endete das Match? **Mit einer Niederlage des österreichischen Nationalteams**

Verfasse danach für den Reporter den Summary-Text!

ÖSTERREICH VERLIERT 1:3

Mit einer Niederlage des österreichischen Nationalteams endete gestern Abend das Fußball-EM-Qualifikationsspiel zwischen Österreich und Deutschland. Das Match fand im ausverkauften Wiener Ernst-Happel-Stadion statt.

Puzzlesteine für den Bericht

Baustein II: Hauptteil

Der **Hauptteil eines Berichts** enthält genaue Angaben darüber, **wie und warum** etwas **mit welchen Folgen** passiert ist. Deshalb ist auf die zeitliche Abfolge der Geschehnisse besonders zu achten.

Die sachlogische Reihenfolge bei Schnüffels Textentwurf zum Verkehrsbericht ist leider gründlich danebengegangen. Stelle deshalb die Satzfolge durch korrektes Nummerieren am Zeilenbeginn richtig!

STAU AUF DER A9

	Naturgemäß entstand daraufhin ein kilometerlanger Stau, welcher sich erst gegen 9.15 Uhr langsam auflöste.
1	Gegen 6.45 Uhr überstürzten sich auf der Autobahn München – Nürnberg auf der Höhe des Dreiecks Holledau die Ereignisse.
	Der beim Unfall entstandene Sachschaden ist größtenteils durch Versicherungen gedeckt.
	Sie alle waren vorschriftsmäßig angegurtet gewesen.
	Die Insassen der fünf darin verwickelten Autos blieben glücklicherweise unverletzt.
	Den Verkehrsteilnehmern, die in Richtung München unterwegs waren, wurden im Radio mehrere Ausweichrouten vorgeschlagen.
	Aufgrund des dichten Morgennebels und der damit verbundenen schlechten Sichtverhältnisse kam es zu einem Massen-Crash.
	Der Zusammenstoß ereignete sich unweit der Abfahrt Richtung Regensburg/Hof.
	Die Fahrbahn Richtung München musste von der Polizei wegen der umfangreichen Aufräumarbeiten für zwei Stunden gesperrt werden.

Puzzlesteine für den Bericht

Lösung: Baustein II: Hauptteil

Der **Hauptteil eines Berichts** enthält genaue Angaben darüber, **wie und warum** etwas **mit welchen Folgen** passiert ist. Deshalb ist auf die zeitliche Abfolge der Geschehnisse besonders zu achten.

Die sachlogische Reihenfolge bei Schnüffels Textentwurf zum Verkehrsbericht ist leider gründlich danebengegangen. Stelle deshalb die Satzfolge durch korrektes Nummerieren am Zeilenbeginn richtig!

STAU AUF DER A9

7	Naturgemäß entstand daraufhin ein kilometerlanger Stau, welcher sich erst gegen 9.15 Uhr langsam auflöste.
1	Gegen 6.45 Uhr überstürzten sich auf der Autobahn München – Nürnberg auf der Höhe des Dreiecks Holledau die Ereignisse.
9	Der beim Unfall entstandene Sachschaden ist größtenteils durch Versicherungen gedeckt.
5	Sie alle waren vorschriftsmäßig angegurtet gewesen.
4	Die Insassen der fünf darin verwickelten Autos blieben glücklicherweise unverletzt.
8	Den Verkehrsteilnehmern, die in Richtung München unterwegs waren, wurden im Radio mehrere Ausweichrouten vorgeschlagen.
2	Aufgrund des dichten Morgennebels und der damit verbundenen schlechten Sichtverhältnisse kam es zu einem Massen-Crash.
3	Der Zusammenstoß ereignete sich unweit der Abfahrt Richtung Regensburg/Hof.
6	Die Fahrbahn Richtung München musste von der Polizei wegen der umfangreichen Aufräumarbeiten für zwei Stunden gesperrt werden.

Puzzlesteine für den Bericht

Baustein II: Hauptteil

Irgendein Spaßvogel in den Redaktionsräumlichkeiten hat den an sich gelungenen Hauptteil von Robert Schnüffels Kulturbericht „überarbeitet“. Dabei hat er insgesamt 8 inhaltliche Fehler „eingebaut“. Lies dir den Text konzentriert durch und markiere die Fehler durch Unterstreichungen und Nummerierungen! Stelle abschließend die markierten Textstellen mithilfe einer Korrekturtabelle richtig!

(1)

CD-PRÄSENTATION: EDDY SPIDERMAN

Die vierköpfige französische Rockformation aus Liverpool meldet sich zurück! Ihr brandneues Produkt mit dem Titel „Dreams“ ist in Großbritannien bereits eine Woche nach seinem Erscheinen auf die Spitze der Charts geklettert. Kein Wunder, schließlich sind die Ausnahmemusiker ihrem Misserfolgskonzept treu geblieben: rhythmischer Sound gepaart mit klugen, zum Nachdenken anregenden Texten. Das Quartett möchte diesmal auch den schwedischen Markt erobern. Aus diesem Grund wird die Band übermorgen Abend in München ihre alte CD der deutschsprachigen Öffentlichkeit vorstellen.

Korrekturtabelle:

Und so müsste es richtig heißen:

(1) **Ed Spider** (2) ……………………………..

(3) …………………………… (4) ……………………………..

(5) …………………………… (6) ……………………………..

(7) …………………………… (8) ……………………………..

Puzzlesteine für den Bericht

Lösung: Baustein II: Hauptteil

Irgendein Spaßvogel in den Redaktionsräumlichkeiten hat den an sich gelungenen Hauptteil von Robert Schnüffels Kulturbericht „überarbeitet“. Dabei hat er insgesamt 8 inhaltliche Fehler „eingebaut“. Lies dir den Text konzentriert durch und markiere die Fehler durch Unterstreichungen und Nummerierungen! Stelle abschließend die markierten Textstellen mithilfe einer Korrekturtabelle richtig!

CD-PRÄSENTATION: (1) EDDY SPIDERMAN

Die vierköpfige (2) französische Rockformation aus Liverpool meldet sich zurück! Ihr brandneues Produkt mit dem Titel (3) „Dreams“ ist in Großbritannien bereits eine Woche nach seinem Erscheinen auf die Spitze der Charts geklettert. Kein Wunder, schließlich sind die Ausnahmemusiker ihrem (4) Misserfolgskonzept treu geblieben: rhythmischer Sound gepaart mit klugen, zum Nachdenken anregenden Texten. Das Quartett möchte diesmal auch den (5) schwedischen Markt erobern. Aus diesem Grund wird die Band (6) übermorgen Abend in (7) München ihre (8) alte CD der deutschsprachigen Öffentlichkeit vorstellen.

Korrekturtabelle:

Und so müsste es richtig heißen:

(1) **Ed Spider**

(2) **britische**

(3) **„Dynamite“**

(4) **Erfolgskonzept**

(5) **deutschen**

(6) **morgen Nachmittag**

(7) **Hamburg**

(8) **neue**

Puzzlesteine für den Bericht

Baustein II: Hauptteil

Manchmal spielen Computer wirklich verrückt. In Robert Schnüffels Sportbericht fehlen einige Verben. Ergänze sie sinngemäß in der richtigen Zeitform!

ÖSTERREICH VERLIERT 1:3

Das Spiel .... gleich mit einem Knalleffekt. Schon in der 2. Minute .... der deutsche Mittelstürmer Thomas Müller für seine Elf per Kopf das 0:1. Die Vorarbeit dazu hatte Sebastian Schweinsteiger mit einer präzisen Flanke .... Damit war die Defensivtaktik des österreichischen Teamchefs schon zu Beginn zum Scheitern... . Die österreichische Mannschaft .... nun mehr nach vorne, ohne jedoch Gefahr im deutschen Strafraum zu erzeugen. Als dann in der 32. Minute nach einem schweren Abwehrfehler das 0:2 ...., schien die Partie entschieden. Das Publikum im ausverkauften Stadion .... das heimische Team aber nicht im Stich. Kurz vor dem Pausenpfiff .... der ungarische Unparteiische nach einem Foul auf Elfmeter für Österreich. Jimmy Hoffer .... den Strafstoß sicher zum 1:2, Hoffnung keimte auf. In der zweiten Spielhälfte .... Österreich vehement auf den Ausgleich, doch der wollte nicht .... In der Schlussphase .... der deutschen Elf aus einem Konter noch das dritte Tor. Aus der Traum von der Teilnahme an der Europameisterschaft!

Puzzlesteine für den Bericht

Lösung: Baustein II: Hauptteil

Manchmal spielen Computer wirklich verrückt. In Robert Schnüffels Sportbericht fehlen einige Verben. Ergänze sie sinngemäß in der richtigen Zeitform!

ÖSTERREICH VERLIERT 1:3

Das Spiel **begann** gleich mit einem Knalleffekt. Schon in der 2. Minute **erzielte** der deutsche Mittelstürmer Thomas Müller für seine Elf per Kopf das 0:1. Die Vorarbeit dazu hatte Sebastian Schweinsteiger mit einer präzisen Flanke **geleistet**. Damit war die Defensivtaktik des österreichischen Teamchefs schon zu Beginn zum Scheitern **verurteilt**. Die österreichische Mannschaft **spielte** nun mehr nach vorne, ohne jedoch Gefahr im deutschen Strafraum zu erzeugen. Als dann in der 32. Minute nach einem schweren Abwehrfehler das 0:2 **fiel**, schien die Partie entschieden. Das Publikum im ausverkauften Stadion **ließ** das heimische Team aber nicht im Stich. Kurz vor dem Pausenpfiff **entschied** der ungarische Unparteiische nach einem Foul auf Elfmeter für Österreich. Jimmy Hoffer **verwertete** den Strafstoß sicher zum 1:2, Hoffnung keimte auf. In der zweiten Spielhälfte **drängte** Österreich vehement auf den Ausgleich, doch der wollte nicht **fallen**. In der Schlussphase **gelang** der deutschen Elf aus einem Konter noch das dritte Tor. Aus der Traum von der Teilnahme an der Europameisterschaft!

(mögliche Lösung)

Puzzlesteine für den Bericht

Baustein III: Zeugenaussagen

Zeugenaussagen bilden oftmals den Schluss eines Zeitungsberichtes. Robert Schnüffel hat bereits eine Zeugenbefragung zum Verkehrsbericht durchgeführt. Hier sein Textvorschlag:

STAU AUF DER A9

Ein Vertreter der Autobahnpolizei meinte: „Beim Zusammenprall der fünf Fahrzeuge hatten die Lenker Glück im Unglück. Wir von der Polizei sind heilfroh, dass niemand ernsthaft verletzt wurde. Leider mussten wir die A9 in Richtung München für zwei Stunden für den allgemeinen Verkehr sperren, weil die Fahrbahn durch die Bergungsarbeiten blockiert war; für die Autofahrer im morgendlichen Berufsverkehr natürlich eine unangenehme Sache.“

Setze in dieser Weise die Arbeit unseres Reporters fort!

CD-PRÄSENTATION: ED SPIDER

Ein bekannter Musikkritiker aus der Schweiz bewertet das neue Album von Ed

Spider folgendermaßen: „ ……………………………………………………………

……………………………………………………………………………………

……………………………………………………………………………………

……………………………………………………………………………………

……………………………………………………………………………………

……………………………………………………………………………………

…………………………………………………………………………………… .“

Puzzlesteine für den Bericht

Lösung: Baustein III: Zeugenaussagen

Zeugenaussagen bilden oftmals den Schluss eines Zeitungsberichtes. Robert Schnüffel hat bereits eine Zeugenbefragung zum Verkehrsbericht durchgeführt. Hier sein Textvorschlag:

STAU AUF DER A9

Ein Vertreter der Autobahnpolizei meinte: „Beim Zusammenprall der fünf Fahrzeuge hatten die Lenker Glück im Unglück. Wir von der Polizei sind heilfroh, dass niemand ernsthaft verletzt wurde. Leider mussten wir die A9 in Richtung München für zwei Stunden für den allgemeinen Verkehr sperren, weil die Fahrbahn durch die Bergungsarbeiten blockiert war; für die Autofahrer im morgendlichen Berufsverkehr natürlich eine unangenehme Sache."

Setze in dieser Weise die Arbeit unseres Reporters fort!

CD-PRÄSENTATION: ED SPIDER

Ein bekannter Musikkritiker aus der Schweiz bewertet das neue Album von Ed Spider folgendermaßen: **„Die Liverpooler Formation hat es meiner Ansicht nach wieder einmal geschafft, die Musikwelt zu überraschen. Zwar haben die Bandmitglieder ihre bislang erfolgreichen Bahnen grundsätzlich nicht verlassen, doch wird diesmal bei einigen Nummern auf den Geschmack des deutschen Marktes viel mehr Rücksicht genommen. Ich glaube, dass diese Strategie in Deutschland, Österreich und in der Schweiz aufgehen wird."**

(mögliche Lösung)

Puzzlesteine für den Bericht

Baustein III: Zeugenaussagen

Setze in dieser Weise die Arbeit unseres Reporters fort!

ÖSTERREICH VERLIERT 1:3

Ein Fußballfan erklärte nach dem Sieg der deutschen Elf: „.......................

....

....

....

....

....

....

....“

Lösung: Baustein III: Zeugenaussagen

Setze in dieser Weise die Arbeit unseres Reporters fort!

ÖSTERREICH VERLIERT 1:3

Ein Fußballfan erklärte nach dem Sieg der deutschen Elf: **„Die heimische Mannschaft bemühte sich redlich, einen ebenbürtigen Gegner abzugeben, es fehlte nur manchmal das berühmte Quäntchen Glück. Ein Unentschieden wäre durchaus möglich gewesen. Trotzdem dürfen und können die österreichischen Spieler auf ihre Leistung stolz sein, schließlich stand mit dem deutschen Nationalteam ein scheinbar übermächtiger Gegner auf dem Platz. Für die nächsten Qualifikationsspiele scheint die österreichische Auswahl jedenfalls gewappnet zu sein.“**

(mögliche Lösung)

Werner Routil: Wochenportfolios für den Deutschunterricht mit Lerneffekt · 6. Klasse · Best.-Nr. 754

Lies dir abschließend noch dieses Musterbeispiel für Textgliederung und Layout eines Zeitungsberichtes aufmerksam durch!

Pfarrer ließ Hochzeit platzen

(1)

Gestern um 15 Uhr sollte die Trauungszeremonie in der Pfarrkirche Donaufeld am Kinzerplatz in Wien-Floridsdorf stattfinden. Rund 130 Hochzeitsgäste und das junge Brautpaar warteten jedoch vergeblich auf den Priester, der hatte den vereinbarten Trauungstermin „verschwitzt".

(2)

Iris G. und Tobias F. dachten anfangs an eine verkehrsbedingte Verspätung des Geistlichen, schließlich musste dieser aus dem niederösterreichischen Reisenberg per Auto anreisen. Nach einer Viertelstunde Wartezeit versuchte der Bräutigam per Mobiltelefon den Pfarrer zu kontaktieren, doch dieser blieb unerreichbar. Er hatte den Termin in Wien vergessen und war indessen Gast einer Trauerfeier in seiner Heimatgemeinde. Als Pfarrer Hubert B. auf seinen Fehler aufmerksam gemacht wurde, bedauerte er sein Missgeschick und entschuldigte sich beim Brautpaar. In der Erzdiözese Wien zeigte man sich wegen des bedauerlichen Vorfalls zerknirscht. Das bischöfliche Sekretariat nahm unverzüglich Kontakt mit den Betroffenen auf und bot eine finanzielle Entschädigung in Höhe von 500 Euro an. Zudem wurde ein neuer Trauungstermin in Aussicht gestellt. Iris G. und Tobias F. erbaten sich Bedenkzeit.

(3)

Die enttäuschte Braut meinte im Interview: „Alle Gäste waren geschockt, ich musste sie trösten, weil sie teilweise geweint haben. Natürlich hätten wir noch gerne eine Hochzeit. Aber ich kann mir nicht vorstellen, dass ich ein weiteres Mal mit einem weißen Kleid eine Kirche betrete."

(sinngemäß entnommen aus der Tageszeitung „Die Presse", 11. 8. 2010)

1. Baustein und 1. Absatz	⟹	**Summary im Fettdruck**
2. Baustein und 2. Absatz	⟹	Hauptteil des Berichts
3. Baustein und 3. Absatz	⟹	Zeugenaussage in der direkten Rede

Nun sind alle Puzzlesteine zusammengetragen. Schreibe den gesamten Bericht auf deinem PC, drucke den Text aus und klebe ihn darunter sorgfältig auf! Achte beim Schreiben auf Fettdruck, Absatzbildung und Platzeinteilung!

STAU AUF DER A9

Puzzlesteine für den Bericht

Lösung: Der Verkehrsbericht

Nun sind alle Puzzlesteine zusammengetragen. Schreibe den gesamten Bericht auf deinem PC, drucke den Text aus und klebe ihn darunter sorgfältig auf! Achte beim Schreiben auf Fettdruck, Absatzbildung und Platzeinteilung!

STAU AUF DER A9

In den Morgenstunden ereignete sich gestern auf der A9 nahe dem Autobahndreieck Holledau eine Massenkarambolage. Insgesamt waren fünf Personenfahrzeuge daran beteiligt. Die Folge war ein kilometerlanger Stau auf der A9 in Fahrtrichtung München.

Gegen 6.45 Uhr überstürzten sich auf der A9 Richtung München die Ereignisse. Aufgrund des dichten Morgennebels und der damit verbundenen schlechten Sichtverhältnisse kam es zu einem Massen-Crash. Der Zusammenstoß ereignete sich unweit der Abfahrt Richtung Regensburg/Hof. Die Insassen der fünf darin verwickelten Autos blieben glücklicherweise unverletzt. Sie alle waren vorschriftsmäßig angegurtet gewesen. Die Fahrbahn Richtung München musste wegen der umfangreichen Aufräumarbeiten für zwei Stunden von der Polizei gesperrt werden. Naturgemäß entstand daraufhin ein kilometerlanger Stau, welcher sich erst gegen 9.15 Uhr langsam auflöste. Den Verkehrsteilnehmern, die in Richtung München unterwegs waren, wurden im Radio mehrere Ausweichrouten vorgeschlagen. Der beim Unfall entstandene Sachschaden ist größtenteils durch Versicherungen gedeckt.

Ein Vertreter der Autobahnpolizei meinte: „Beim Zusammenprall der fünf Fahrzeuge hatten die Lenker Glück im Unglück. Wir von der Polizei sind heilfroh, dass niemand ernsthaft verletzt wurde. Leider mussten wir die A9 für zwei Stunden für den allgemeinen Verkehr sperren, weil die Fahrbahn durch die Bergungsarbeiten blockiert war; für die Autofahrer im morgendlichen Berufsverkehr natürlich eine unangenehme Sache.“

Puzzlesteine für den Bericht

Der Kulturbericht

Nun sind alle Puzzlesteine zusammengetragen. Schreibe den gesamten Bericht auf deinem PC, drucke den Text aus und klebe ihn darunter sorgfältig auf! Achte beim Schreiben auf Fettdruck, Absatzbildung und Platzeinteilung!

CD-PRÄSENTATION: ED SPIDER

Nun sind alle Puzzlesteine zusammengetragen. Schreibe den gesamten Bericht auf deinem PC, drucke den Text aus und klebe ihn darunter sorgfältig auf! Achte beim Schreiben auf Fettdruck, Absatzbildung und Platzeinteilung!

CD-PRÄSENTATION: ED SPIDER

Im Rahmen einer Pressekonferenz vor internationalen Musikjournalisten werden die Mitglieder der englischen Rockband „Ed Spider" morgen Nachmittag um 14 Uhr in Hamburg ihre neue CD „Dynamite" präsentieren. Die Veranstaltung wird im Festsaal des Hotels „Atlantik" stattfinden.

Die vierköpfige britische Rockformation aus Liverpool meldet sich zurück! Ihr brandneues Produkt mit dem Titel „Dynamite" ist in Großbritannien bereits eine Woche nach seinem Erscheinen auf die Spitze der Charts geklettert. Kein Wunder, schließlich sind die Ausnahmemusiker ihrem Erfolgskonzept treu geblieben: rhythmischer Sound gepaart mit klugen, zum Nachdenken anregenden Texten. Das Quartett möchte diesmal auch den deutschen Markt erobern. Aus diesem Grund wird die Band morgen Nachmittag ihre neue CD in Hamburg der deutschsprachigen Öffentlichkeit vorstellen.

Ein bekannter Musikkritiker aus der Schweiz bewertet das neue Album von Ed Spider folgendermaßen: „Die Liverpooler Formation hat es meiner Ansicht nach wieder einmal geschafft, die Musikwelt zu überraschen. Zwar haben die Bandmitglieder ihre bislang erfolgreichen Bahnen grundsätzlich nicht verlassen, doch wird diesmal bei einigen Nummern auf den Geschmack des deutschen Marktes viel mehr Rücksicht genommen. Ich glaube, dass diese Strategie in Deutschland, Österreich und in der Schweiz aufgehen wird."

Puzzlesteine für den Bericht

Der Sportbericht

Nun sind alle Puzzlesteine zusammengetragen. Schreibe den gesamten Bericht auf deinem PC, drucke den Text aus und klebe ihn darunter sorgfältig auf! Achte beim Schreiben auf Fettdruck, Absatzbildung und Platzeinteilung!

ÖSTERREICH VERLIERT 1:3

Nun sind alle Puzzlesteine zusammengetragen. Schreibe den gesamten Bericht auf deinem PC, drucke den Text aus und klebe ihn darunter sorgfältig auf! Achte beim Schreiben auf Fettdruck, Absatzbildung und Platzeinteilung!

ÖSTERREICH VERLIERT 1:3

Mit einer Niederlage des österreichischen Nationalteams endete gestern Abend das Fußball-EM-Qualifikationsspiel zwischen Österreich und Deutschland. Das Match fand im ausverkauften Wiener Ernst-Happel-Stadion statt.

Das Spiel begann gleich mit einem Knalleffekt. Schon in der 2. Minute erzielte der deutsche Mittelstürmer Thomas Müller für seine Elf per Kopf das 1:0. Die Vorarbeit dazu hatte Sebastian Schweinsteiger mit einer präzisen Flanke geleistet. Damit war die Defensivtaktik des österreichischen Teamchefs schon zu Beginn zum Scheitern verurteilt. Die österreichische Mannschaft spielte nun mehr nach vorne, ohne jedoch Gefahr im deutschen Strafraum zu erzeugen. Als dann in der 32. Minute nach einem schweren Abwehrfehler das 0:2 fiel, schien die Partie entschieden. Das Publikum im ausverkauften Stadion ließ das heimische Team aber nicht im Stich. Kurz vor dem Pausenpfiff entschied der ungarische Unparteiische nach einem Foul auf Elfmeter für Österreich. Jimmy Hoffer verwertete den Strafstoß sicher zum 1:2, Hoffnung keimte auf. In der zweiten Spielhälfte drängte Österreich vehement auf den Ausgleich, doch der wollte nicht fallen. In der Schlussphase gelang der deutschen Elf aus einem Konter noch das dritte Tor. Aus der Traum von der Teilnahme an der Europameisterschaft!

Ein Fußballfan erklärte nach dem Sieg der deutschen Elf: „Die heimische Mannschaft bemühte sich redlich, einen ebenbürtigen Gegner abzugeben, es fehlte nur manchmal das berühmte Quäntchen Glück. Ein Unentschieden wäre durchaus möglich gewesen. Trotzdem dürfen und können die österreichischen Spieler auf ihre Leistung stolz sein, schließlich stand mit dem deutschen Nationalteam ein scheinbar übermächtiger Gegner auf dem Platz. Für die nächsten Qualifikationsspiele scheint die österreichische Auswahl jedenfalls gewappnet zu sein."

Puzzlesteine für den Bericht

Und das ist meine Meinung

Das hat mir besonders gut gefallen: ☺

- O Die Arbeitsanweisungen waren genau und verständlich formuliert.
- O Super, ich durfte mir meine Lernzeit und das Arbeitstempo selbst einteilen.
- O Beim Lösen der einzelnen Arbeitsaufgaben hatte ich keinerlei Probleme.
- O Mich motivierte die Art der Aufgabenstellungen ungemein.
- O ....

Das habe ich eigentlich so erwartet: 😐

- O Ich musste einige Male Lehrerhilfe in Anspruch nehmen.
- O Manche Aufgabenstellungen fand ich leicht, manche wieder schwieriger.
- O Die Einteilung meines persönlichen Arbeitstempos klappte nur teilweise.
- O Das Ergebnis meiner Arbeit hing von der jeweiligen Tagesverfassung ab.
- O ....

Das hat mir überhaupt nicht gefallen: ☹

- O Ich hatte große Schwierigkeiten, mit der Arbeit rechtzeitig fertig zu werden.
- O Ich verstand den Inhalt einiger Arbeitsanweisungen nicht.
- O Die meisten Aufgabenstellungen überforderten mich.
- O Ich musste ständig meinen Lehrer/meine Lehrerin um Auskunft bitten.
- O ....

Unterschrift des Schülers/der Schülerin: ....

Fantasiestärken gefragt

Lernzielkatalog

Die Schüler/innen sollen

1. zusammengesetzte Nomen mit Hilfe vorgegebener Sprach- und Wortmuster „lustig" definieren;
2. mehrere Wörterreihen mit je einem wechselnden Buchstaben bilden;
3. die inhaltliche Bedeutung gängiger Abkürzungen erklären;
4. ein Kreuzworträtsel-Raster mit zehn selbst gewählten Begriffen sachdienlich ergänzen;
5. anlässlich eines Besuches in ei nem Chatroom Argumente für und gegen Freizeitsport und Computerspiele sammeln;
6. einen fantasievollen Text zum Alltagsleben eines Gebrauchsgegenstandes verfassen.

Fantasiestärken gefragt

Lustige Erklärungen

Manchmal ist unsere Sprache ganz schön spannend und zweideutig. Schreibe den richtigen Begriff aus der Wörterbox zur entsprechenden, nicht ganz ernst zu nehmenden Erklärung. Viel Spaß dabei!

(aus der Kinderzeitschrift „Der Bunte Hund", Nr. 36)

Wörterbox:

Ausschlag – Beileid – Blechsalat – Eckball – Faustball – Gänsefüßchen – Wasserfest – Kirchenschiff – Rollmops

Ein Schwur, den Holzfäller leisten, wenn sie ihre Axt in Empfang nehmen. Sie versprechen damit, für jeden gefällten Baum einen neuen zu pflanzen.	
Heiße Party von Fischen, Krebsen, Seepferdchen und Nixen.	
Transportmittel für hohe kirchliche Würdenträger; sozusagen die schwimmende Ausgabe des Papamobils.	
Die Reaktion eines Pferdes, wenn es am Schwanz gezogen wird.	
Dicker Hund, dessen Beine nicht mehr bis zum Boden reichen, weshalb er sich wie eine Kugel fortbewegt.	
Liebevolle Bezeichnung für zarte Mädchenfüße als Gegensatz zu den Quadratlatschen der Buben.	
Metallhaltige Speise, die auf dem Kühlergrill zubereitet und in der Ölwanne serviert wird. Gilt als Lieblingsgericht der Blechschlange.	
Fußball in Form eines Würfels. Die Spieler dürfen um die gewürfelte Augenzahl vorrücken. Bei einer Sechs gibt es Elfmeter.	
Tanzveranstaltung eines Boxsportvereins, bei der es im Allgemeinen zu Raufereien kommt.	

Manchmal ist unsere Sprache ganz schön spannend und zweideutig. Schreibe den richtigen Begriff aus der Wörterbox zur entsprechenden, nicht ganz ernst zu nehmenden Erklärung. Viel Spaß dabei!

(aus der Kinderzeitschrift „Der Bunte Hund“, Nr. 36)

Wörterbox:

Ausschlag – Beileid – Blechsalat – Eckball – Faustball – Gänsefüßchen – Wasserfest – Kirchenschiff – Rollmops

Ein Schwur, den Holzfäller leisten, wenn sie ihre Axt in Empfang nehmen. Sie versprechen damit, für jeden gefällten Baum einen neuen zu pflanzen.	**Beileid**
Heiße Party von Fischen, Krebsen, Seepferdchen und Nixen.	**Wasserfest**
Transportmittel für hohe kirchliche Würdenträger; sozusagen die schwimmende Ausgabe des Papamobils.	**Kirchenschiff**
Die Reaktion eines Pferdes, wenn es am Schwanz gezogen wird.	**Ausschlag**
Dicker Hund, dessen Beine nicht mehr bis zum Boden reichen, weshalb er sich wie eine Kugel fortbewegt.	**Rollmops**
Liebevolle Bezeichnung für zarte Mädchenfüße als Gegensatz zu den Quadratlatschen der Buben.	**Gänsefüßchen**
Metallhaltige Speise, die auf dem Kühlergrill zubereitet und in der Ölwanne serviert wird. Gilt als Lieblingsgericht der Blechschlange.	**Blechsalat**
Fußball in Form eines Würfels. Die Spieler dürfen um die gewürfelte Augenzahl vorrücken. Bei einer Sechs gibt es Elfmeter.	**Eckball**
Tanzveranstaltung eines Boxsportvereins, bei der es im Allgemeinen zu Raufereien kommt.	**Faustball**

Fantasiestärken gefragt

Lustige Erklärungen

Im Folgenden findest du weitere, nicht ganz ernst zu nehmende Worterklärungen, diesmal in Form ganzer Sätze:

Unter einem **Gefahrenherd** versteht man einen alten Ofen, der jederzeit explodieren kann.

Eine Wolke am Himmel, welche intensiv nach französischem Parfum riecht, wird als **Duftwolke** bezeichnet.

Mit dem Ausdruck **Frauenschwarm** umschreibt man in der Regel die Anhäufung weiblicher Wesen, weil offensichtlich ein Mann im Spiel ist.

Lampenfieber wird jene unangenehme Krankheit genannt, die manchmal nervöse Leuchtschirme befällt.

Umschreibe jetzt nach obigem Muster alle zehn Begriffe aus der Wörterbox des vorhergehenden Arbeitsblattes in lustigen Erklärungssätzen!

1. Unter einem **Beileid** versteht man ....

....

....

....

....

....

Fantasiestärken gefragt

Lustige Erklärungen

*Kreative Profis verfassen hier eigenständige Erklärungssätze zu den Begriffen **Trostpflaster**, **Stargeflüster, Stammhalter** und **Sprechblase**.*

Fantasiestärken gefragt

Lösung: Lustige Erklärungen

Im Folgenden findest du weitere, nicht ganz ernst zu nehmende Worterklärungen, diesmal in Form ganzer Sätze:

Unter einem **Gefahrenherd** versteht man einen alten Ofen, der jederzeit explodieren kann.

Eine Wolke am Himmel, welche intensiv nach französischem Parfum riecht, wird als **Duftwolke** bezeichnet.

Mit dem Ausdruck **Frauenschwarm** umschreibt man in der Regel die Anhäufung weiblicher Wesen, weil offensichtlich ein Mann im Spiel ist.

Lampenfieber wird jene unangenehme Krankheit genannt, die manchmal nervöse Leuchtschirme befällt.

Umschreibe jetzt nach obigem Muster alle zehn Begriffe aus der Wörterbox des vorhergehenden Arbeitsblattes in lustigen Erklärungssätzen!

1. **Unter einem Beileid versteht man einen Schwur, den Holzfäller leisten, wenn sie ihre Axt in Empfang nehmen. Sie versprechen damit, für jeden gefällten Baum einen neuen zu pflanzen.**

2. **Eine heiße Party von Fischen, Krebsen, Seepferdchen und Nixen wird als Wasserfest bezeichnet.**

3. **Mit dem Ausdruck Kirchenschiff umschreibt man ein Transportmittel für hohe kirchliche Würdenträger; sozusagen die schwimmende Ausgabe des Papamobils.**

4. **Die Reaktion eines Pferdes, wenn es am Schwanz gezogen wird, wird Ausschlag genannt.**

5. **Unter einem Rollmops versteht man einen dicken Hund, dessen Beine nicht mehr bis zum Boden reichen, weshalb er sich wie eine Kugel fortbewegt.**

Lösung: Lustige Erklärungen

6. **Zarte Mädchenfüße werden im Gegensatz zu den Quadratlatschen der Buben als Gänsefüßchen bezeichnet.**

7. **Mit dem Ausdruck Blechsalat umschreibt man eine metallhaltige Speise, die auf dem Kühlergrill zubereitet und in der Ölwanne serviert wird; gilt als Lieblingsgericht der Blechschlange.**

8. **Ein Fußball in Form eines Würfels wird Eckball genannt. Die Spieler dürfen um die gewürfelte Augenzahl vorrücken. Bei einer Sechs gibt es Elfmeter.**

9. **Unter einem Faustball versteht man die Tanzveranstaltung eines Boxsportvereins, bei der es im Allgemeinen zu Raufereien kommt.**

Kreative Profis verfassen hier eigenständige Erklärungssätze zu den Begriffen ***Trostpflaster, Stargeflüster, Stammhalter*** *und* ***Sprechblase.***

Ein selbstklebendes Pflaster, welches nach seiner Anbringung an der Stirn seinem gefühlskranken Patienten Trost und Rat spendet, wird Trostpflaster genannt.

Tauschen Prominente mit- und untereinander tuschelnd ihre Geheimnisse aus, so spricht man von einem Stargeflüster.

Unter einem Stammhalter versteht man einen betrunkenen Menschen, welcher sich wegen seines schwindenden Gleichgewichtsgefühls ständig an einem Baumstamm festhalten muss.

Als Sprechblase bezeichnet man jene seltene Blasenart an den Füßen, welche ihren Ärger gerne lauthals verkündet und dabei so manchen Menschen auf dem falschen Fuß erwischt.

(mögliche Lösungen)

Fantasiestärken gefragt

Wörterreihen

Spielregel:
Beim Gestalten dieser vierzeiligen Wörterreihen darf nur jeweils ein Buchstabe geändert werden.

Musterbeispiele:

NOMEN		VERBEN		NOMEN	
PUPPE		**W**ETTEN		**W**ILLE	
SUPPE		**R**ETTEN		**P**ILLE	
S**I**PPE		**B**ETTEN		**R**ILLE	
LIPPE		B**I**TTEN		R**O**LLE	

Vervollständige nun die 6 folgenden Wörterreihen! Achte dabei auch auf die vorgegebene Wortart!

NOMEN		VERBEN		NOMEN	
WONNE		SAGEN		**R**ATTE	
RINNE		R**E**GEN		**L**OTTE	

VERBEN		NOMEN		VERBEN	
H**A**BEN		R**O**SEN		**R**ASTEN	
H**E**BEN					
		HASEN			
				PUSTEN	

Darunter ist Platz für selbst ausgedachte, vollständig ausgefüllte Wörterreihen. Löse diese knifflige Aufgabe in Partnerarbeit!

Fantasiestärken gefragt

Lösung: Wörterreihen

Spielregel:
Beim Gestalten dieser vierzeiligen Wörterreihen darf nur jeweils ein Buchstabe geändert werden.

Musterbeispiele:

NOMEN		VERBEN		NOMEN	
PUPPE		**W**ETTEN		**W**ILLE	
SUPPE		**R**ETTEN		**P**ILLE	
S**I**PPE		**B**ETTEN		**R**ILLE	
LIPPE		B**I**TTEN		R**O**LLE	

Vervollständige nun die 6 folgenden Wörterreihen! Achte dabei auch auf die vorgegebene Wortart!

NOMEN		VERBEN		NOMEN	
WONNE		**S**AGEN		**R**ATTE	
Sonne		wagen		Matte	
Sinne		ragen		Motte	
RINNE		R**E**GEN		**L**OTTE	

VERBEN		NOMEN		VERBEN	
HABEN		R**O**SEN		**R**ASTEN	
HEBEN		**Rasen**		**hasten**	
leben		**H**ASEN		**husten**	
geben		**Hosen**		**P**USTEN	

Darunter ist Platz für selbst ausgedachte, vollständig ausgefüllte Wörterreihen. Löse diese knifflige Aufgabe in Partnerarbeit!

NOMEN		VERBEN/NOMEN		ADJEKTIVE/NOMEN	
Tasse		**Besen**		**rein**	
Masse		**lesen**		**Wein**	
Gasse		**losen**		**fein**	
Gosse		**Dosen**		**Bein**	

(mögliche Lösungen)

Fantasiestärken gefragt

Kreuzworträtsel

Welche Gegenstände und Dinge des Alltags sind für dich unverzichtbar? Führe hier mindestens 10 Beispiele an!

....

....

Erstelle nun mit diesen Wörtern ein Kreuzworträtsel-Raster! Die „Überschrift“ ist bereits eingetragen. (Ä=AE, Ö=OE, Ü=UE)

									U												
						M	E	I	N	E											
									V												
									E												
									R												
									Z	E	H	N									
									I												
									C												
									H												
									T												
									B												
									A												
									R												
						G	E	G	E	N	S	T	A	E	N	D	E				
									N												

Lösung: Kreuzworträtsel

Welche Gegenstände und Dinge des Alltags sind für dich unverzichtbar? Führe hier mindestens 10 Beispiele an!

Computer, Handy, Spiele, Geldbörse, Ausweis, Fahrrad, Schlüssel, Brille, Kaugummi, Musik;

Erstelle nun mit diesen Wörtern ein Kreuzworträtsel-Raster! Die „Überschrift" ist bereits eingetragen. (Ä=AE, Ö=OE, Ü=UE)

																	B				
																	R				
									U								I				
						M	E	I	N	E							L				
									V								L				
								G	E	L	D	B	O	E	R	S	E				
									R												S
				M					Z	E	H	N									C
		K	A	U	G	U	M	M	I												H
				S					C	O	M	P	U	T	E	R					L
				I					H												U
				K					T												E
									B						A	U	S	W	E	I	S
				F	A	H	R	R	A	D							P				S
									R				H				I				E
						G	E	G	E	N	S	T	A	E	N	D	E				L
									N				N				L				
													D				E				
													Y								

(mögliche Lösungen)

Fantasiestärken gefragt

Abkürzungen

Unser sprachliches Umfeld ist geprägt von Abkürzungen. Kreuze die jeweils zutreffende Erklärung folgender Abkürzungen an!

NRW

O Nördlicher Regenwald
O Nordrhein-Westfalen
O Nürburgringwächter

USB

O Universal Serial Bus
O unter sichtbaren Beschwerden
O unsere sonderbare Begleitung

MEZ

O Münchner Eiszentrale
O Mitteleuropäische Zeit
O Münchner Europäische Zeitung

WWW

O world wide web
O wir wollen Würstchen
O weltweites Wiedersehen

EDV

O Elektronische Datenverarbeitung
O endlos dichter Verkehr
O eine(r) darf verlieren

UFO

O Uschis fürsorgliche Oma
O United Flyers Organization
O unbekanntes Flugobjekt

Welche Erklärungen findest du für diese Abkürzungen? Übrigens, die richtige sollte auch dabei sein!

BGB

O ....
O ....
O ....

UNO

O ....
O ....
O ....

Lösung: Abkürzungen

Unser sprachliches Umfeld ist geprägt von Abkürzungen. Kreuze die jeweils zutreffende Erklärung folgender Abkürzungen an!

NRW

O **N**ördlicher **R**egen**w**ald
X **N**ord**r**hein-**W**estfalen
O **N**ürburg**r**ing**w**ächter

USB

X **U**niversal **S**erial **B**us
O **u**nter **s**ichtbaren **B**eschwerden
O **u**nsere **s**onderbare **B**egleitung

MEZ

O **M**ünchner **E**is**z**entrale
X **M**ittel**e**uropäische **Z**eit
O **M**ünchner **E**uropäische **Z**eitung

WWW

X **w**orld **w**ide **w**eb
O **w**ir **w**ollen **W**ürstchen
O **w**elt**w**eites **W**iedersehen

EDV

X **E**lektronische **D**aten**v**erarbeitung
O **e**ndlos **d**ichter **V**erkehr
O **e**ine(r) **d**arf **v**erlieren

UFO

O **U**schis **f**ürsorgliche **O**ma
O **U**nited **F**lyers **O**rganization
X **u**nbekanntes **F**lug**o**bjekt

Welche Erklärungen findest du für diese Abkürzungen? Übrigens, die richtige sollte auch dabei sein!

ORF

X **Ö**sterreichischer **R**und**f**unk

O **O**ttos **R**einigungs**f**irma

O **O**nkel **R**ichard **f**eiert

UNO

O **u**nd **n**icht **o**rganisiert

X **U**nited **N**ations **O**rganization

O **u**nsere **n**ette **O**lga

(mögliche Lösungen)

Im Chatroom

Im Internet tauschen immer häufiger Menschen untereinander in so genannten Chatrooms Meinungen zu bestimmten Themen aus. Dies tun natürlich auch Kinder und Jugendliche.

Lies den Textauszug über einen „Internet-Chat" zwischen dem 12-jährigen „Flo" und dem 13-jährigen „Tiger"! Solltest du die dabei verwendeten Abkürzungen und Smileys inhaltlich nicht verstehen, benütze die Übersichtstabelle auf dem zweiten Blatt!

Flo ☺☺: Habe eine tolle Neuigkeit 4U! Habe mir gestern ein neues Spiel für die Playstation 2 geleistet! Werde gleich das WE mit „Downhill Demonstration" verbringen! G

Tiger 😐: kA, kP, was ist das für ein Spiel?

Flo ☹☹: Was, du kennst das nicht? Das ist doch der Renner derzeit!

Tiger 😐: Bitte um genauere Info, lebe nämlich im RL!

Flo ☺: LOL, das ist wieder typisch für dich! Bei „Downhill Demonstration" fährst du mit einem Mountain-Bike affenzahnmäßig den Berg runter, du musst aber höllisch aufpassen, sonst erwischst du im Wald einen Spaziergänger.

Tiger ☺: HF 4U, trotzdem mMn solltest du, Sry, mehr ins RL zurückkehren, du könntest ja mit einem richtigen Bike die Gegend unsicher machen, fördert ja die Gesundheit, bei deinem Gewicht keine schlechte Idee, oder? G, LOL

Flo ☹: NVM, EOD, BB

Tiger ☺: np, LG, GN(8)

Diese Übersichtstabelle soll dir das Textverständnis erleichtern:

VERWENDETE ABKÜRZUNG	ENGLISCHE BEDEUTUNG	DEUTSCHE ERKLÄRUNG
4U	for you	für dich
BB	bye, bye!	Bis bald!
EOD	end of discussion	Ende der Diskussion
G	grins	breites Lächeln
GN(8)	good night!	Gute Nacht!
HF	have fun!	Viel Spaß!
kA		keine Ahnung
kP		kein Plan
LG		liebe Grüße
LOL	lots of laughing	lautes Lachen
mMn		meiner Meinung nach
np	no problem	kein Problem
NVM	never mind	Schon gut, vergiss es!
RL	real life	Leben außerhalb des Internets
Sry	sorry!	Entschuldigung!
WE	weekend	Wochenende

Für Chat-Erfahrene ist hier Platz für eigene Ergänzungen in der Tabelle:

VERWENDETE ABKÜRZUNG	ENGLISCHE BEDEUTUNG	DEUTSCHE ERKLÄRUNG

BILDSYMBOL SMILEY	INHALTLICHE BEDEUTUNG
☺	netter, lachender Smiley
☺☺	überglücklicher Smiley
☹	trauriger Smiley
☹☹	sehr trauriger Smiley
😐	nachdenkender, gleichgültiger Smiley

„Tigers" eigentlicher Name ist Tim. Offensichtlich ist der Dreizehnjährige ein begeisterter Sportler. Sind sportliche Aktivitäten in der Freizeit für dich persönlich interessant? Sammle mithilfe der Tabelle Argumente, die dafür oder dagegen sprechen!

Für den Freizeitsport spricht …	**Gegen den Freizeitsport spricht …**

„Flos" eigentlicher Name ist Florian. Du hast sicherlich bereits entdeckt, dass der 12-jährige Schüler Computerspiele über alles liebt. Wie ist deine Meinung dazu? Sammle mithilfe der Tabelle Argumente, die für oder gegen die Anschaffung eines Computerspiels sprechen!

Für ein Computerspiel spricht …	**Gegen ein Computerspiel spricht …**

Fantasiestärken gefragt

Lösung: Argumentieren

„Tigers“ eigentlicher Name ist Tim. Offensichtlich ist der Dreizehnjährige ein begeisterter Sportler. Sind sportliche Aktivitäten in der Freizeit für dich persönlich interessant? Sammle mithilfe der Tabelle Argumente, die dafür oder dagegen sprechen!

Für den Freizeitsport spricht …	**Gegen den Freizeitsport spricht …**
fördert Ausdauer und Kondition	**erhöht die Verletzungsgefahr**
stellt einen Ausgleich zum Alltag dar	**ist zumeist witterungsabhängig**
dient dem Stressabbau	**belastet einseitig gewisse Muskeln**

„Flos“ eigentlicher Name ist Florian. Du hast sicherlich bereits entdeckt, dass der 12-jährige Schüler Computerspiele über alles liebt. Wie ist deine Meinung dazu? Sammle mithilfe der Tabelle Argumente, die für oder gegen die Anschaffung eines Computerspiels speichern!

Für ein Computerspiel spricht …	**Gegen ein Computerspiel spricht …**
ist das ideale Freizeitvergnügen	**fördert im Allgemeinen die Spielsucht**
zeigt die Wirklichkeit	**zeigt eher unrealistische Traumwelten**
ist überall erhältlich	**verursacht hohe Anschaffungskosten**

(mögliche Lösungen)

Manchmal besitzen auch Alltagsgegenstände Gefühle und eine Seele. Lies dir den Text der 12-jährigen Judith aufmerksam durch!

Mein Schulrucksack erzählt

Gestatten, mein Name ist Schulrucksack, John Schulrucksack. Meine Eltern, ein schwarzer Wanderrucksack und eine elegante Damenhandtasche, haben mich vor drei Jahren in einem Taschengeschäft abgegeben. Durch eine glückliche Fügung bin ich vergangenes Jahr meiner Besitzerin Judith als Geschenk überreicht worden. Seit dieser Zeit bin ich meiner Eigentümerin nicht mehr von der Seite gewichen und ihr stets treu geblieben.

Als ich vor einem Jahr unter die Menschen kam, war ich noch kräftig und voller Tatendrang. Mittlerweile habe ich das raue Leben draußen in der weiten Welt bereits kennen gelernt. Und das ist nicht einfach, das sage ich dir! Meistens beginnt mein Tag ziemlich hektisch. Zippverschlüsse werden unter Stimmengewirr auf- und zugemacht. Dabei werde ich manchmal bis zum Platzen vollgestopft. Du musst nämlich wissen, ich habe drei Fächer. Im zweiten Fach wohnt Karli, der Zirkel. Mit ihm kann ich während des gesamten Tages wunderbar plaudern. Meine Herzensfreundin ist allerdings Susi, das Federmäppchen. Leider ist sie nicht oft bei mir, weil sie meiner Besitzerin in der Schule und zu Hause dienen muss. An manchen Tagen habe ich besonderes Glück. Da füllt Judith mein erstes Fach mit köstlich duftendem Gebäck an. Da rieche ich besonders gut! Übrigens, am meisten hasse ich neugierige Hunde! Einer dieser schnüffelnden Köter wollte sogar einmal testen, wie wasserdicht ich bin. Als meine Herrin einen kurzen Augenblick wegschaute, riss ich meine große Klappe auf und drohte den Vierbeiner zu fressen. Mit entsetztem Gesicht ließ er dann von mir ab. Meine Schulfreunde, Bernd Schneiders und Lilli Jansport, erzählen mir fast täglich neue Schauergeschichten, was ihnen alles schon passiert ist. Wenn ihre nervenschwachen Besitzer schlecht gelaunt sind, werden sie getreten oder einfach in die Ecke eines Zimmers geworfen. Die armen Kollegen besitzen bereits zahlreiche Beulen und blaue Flecken. Das ist mir glücklicherweise noch nie passiert. Meine Judith streichelt mich oft und einmal im Monat werde ich sogar ordentlich gereinigt und geputzt. Danach fühle ich mich immer wie neugeboren.

Zum Schluss möchte ich dir noch ein persönliches Geheimnis verraten. Ich habe gestern meiner Herzensdame, dem Federmäppchen, einen Heiratsantrag gemacht. Und sie ist damit einverstanden. Du kannst dir sicher vorstellen, wie glücklich ich jetzt bin. Nun steht einem interessanten und aufregenden Leben nichts mehr im Wege!

Fantasiestärken gefragt

Gegenstände erzählen

Hast du Lust bekommen, selbst so eine Fantasiegeschichte der besonderen Art zu Papier zu bringen? Hier findest du jedenfalls drei Themenvorschläge; triff deine Entscheidung durch Ankreuzen!

O Mein Handy erzählt
O Mein Computer erzählt
O Mein MP3-Player erzählt

Fantasiestärken gefragt

Gegenstände erzählen

Fantasiestärken gefragt

Gegenstände erzählen

Fantasiestärken: ....%

Verbalbeurteilung: ....

Das hat mir besonders gut gefallen: ☺

O Die Arbeitsanweisungen waren genau und verständlich formuliert.

O Super, ich durfte mir meine Lernzeit und das Arbeitstempo selbst einteilen.

O Beim Lösen der einzelnen Arbeitsaufgaben hatte ich keinerlei Probleme.

O Mich motivierte die Art der Aufgabenstellungen ungemein.

O ....

Das habe ich eigentlich so erwartet: 😐

O Ich musste einige Male Lehrerhilfe in Anspruch nehmen.

O Manche Aufgabenstellungen fand ich leicht, manche wieder schwieriger.

O Die Einteilung meines persönlichen Arbeitstempos klappte nur teilweise.

O Das Ergebnis meiner Arbeit hing von der jeweiligen Tagesverfassung ab.

O ....

Das hat mir überhaupt nicht gefallen: ☹

O Ich hatte große Schwierigkeiten, mit der Arbeit rechtzeitig fertig zu werden.

O Ich verstand den Inhalt einiger Arbeitsanweisungen nicht.

O Die meisten Aufgabenstellungen überforderten mich.

O Ich musste ständig meinen Lehrer/meine Lehrerin um Auskunft bitten.

O ....

Unterschrift des Schülers/der Schülerin: ....

„Der Bunte Hund, Nummer 30“ – Magazin für Kinder in den besten Jahren, Beltz & Gelberg, Weinheim (1991)

„Der Bunte Hund, Nummer 36“ – Magazin für Kinder in den besten Jahren, Beltz & Gelberg, Weinheim (1993)

„Der Bunte Hund, Nummer 47“ – Magazin für Kinder in den besten Jahren, Beltz & Gelberg, Weinheim (1997)

Wolf Harranth u.a.: „Im Pfirsich wohnt der Pfirsichkern. Gedichte für Kinder“, Verlag St. Gabriel, Mödling (1994)

Astrid Lindgren: „Ronja Räubertochter“, Verlag Oetinger, Hamburg (1982)

Astrid Lindgren: „Die Brüder Löwenherz“, Verlag Oetinger, Hamburg (2007)

Astrid Lindgren: „Pippi Langstrumpf“. Gesamtausgabe in einem Band, Verlag Oetinger, Hamburg (1987)

CD: „Menschenbilder. Christine Nöstlinger, Astrid Lindgren“ ORF (Ö1), Wien (2002)

Astrid Hoffart: „Astrid Lindgren und Ronja Räubertochter“, Brigg Verlag, Augsburg (2009)

Werner Routil, Johann Zenz: „Deutsch kreativ 2“, Bildungsverlag Lemberger, Wien (2004)

Werner Routil, Johann Zenz: „Deutsch kreativ 3“, Bildungsverlag Lemberger, Wien (2009)

Margrit Köllbichler: Portfolio im Deutschunterricht“, Veritas, Linz (2006)

Marianne von Baumgarten-Lindberg, Ulrika Isaksson: „Schwedische Kinderliteratur“, Schwedisches Institut, Stockholm (2005)

Eva Maria Metcalf: „Astrid Lindgren“, Schwedisches Institut, Stockholm (2004)

„Jugend und Medien. Das Buchklubmagazin“, Österreichischer Buchklub der Jugend, Wien (2007)

Sonja Vucsina: „Deutsch anders unterrichten“, Veritas, Linz (1998)

Rolf Esser: „Literatur für die Sek. 1: Lyrik“, Verlag an der Ruhr, Mülheim (2002)